U0682825

红色校史
文化育人
系列

根脉

GEN
MAI

"红心向党　技术报国"
课程思政教育实践

课程思政课题组

编

辽宁人民出版社

图书在版编目（CIP）数据

　　根脉:"红心向党　技术报国"课程思政教育实践 /
课程思政课题组编 . -- 沈阳 : 辽宁人民出版社 , 2024.
8. --（红色校史文化育人系列）. -- ISBN 978-7-205
-11272-1

　　Ⅰ. G641

　　中国国家版本馆 CIP 数据核字第 20248W3V49 号

出版发行：辽宁人民出版社
　　　　　地址：沈阳市和平区十一纬路 25 号　邮编：110003
　　　　　电话：024-23284325（邮　购）　024-23284300（发行部）
　　　　　http://www.lnpph.com.cn
印　　　刷：辽宁一诺广告印务有限公司
幅面尺寸：165mm×235mm
印　　张：16.75
字　　数：220 千字
出版时间：2024 年 8 月第 1 版
印刷时间：2024 年 8 月第 1 次印刷
责任编辑：董　喃　李翘楚
装帧设计：丁末末
责任校对：吴艳杰
书　　号：ISBN 978-7-205-11272-1

定　　价：80.00 元

《根脉——"红心向党 技术报国"课程思政教育实践》
编委会

顾　　　问：王炳华　艾四林　夏　欣　王庚申

编委会主任：王　强　王国辉

编委会成员：方鸿志　郝　华　王启民　赵　琰　马胜凯

张　红　戴建陆　葛忠强　王焕群　程长辉

尤福财　孙　强　孙昌增　董海浪　朱　宇

刘庆宇　王洪洋　姜芦洋　果金凤

主　　　编：方鸿志

副　主　编：葛忠强　王焕群　程长辉

序言一

———

立德树人是教育的根本任务，培养什么人、怎样培养人、为谁培养人是教育的根本问题。党的二十大报告指出，要"全面贯彻党的教育方针，落实立德树人根本任务，培养德智体美劳全面发展的社会主义建设者和接班人"。习近平总书记强调，"思政课是落实立德树人根本任务的关键课程""其他各门课都要守好一段渠、种好责任田，使各类课程与思想政治理论课同向同行，形成协同效应"。

学校历史事迹是课程思政最好的素材，挖掘校史红色基因、讲好校史红色故事是探索思想政治教育实效性的最佳途径。沈阳工程学院历史和文化资源承载着丰富的思政元素，为课程思政提供丰厚的文化滋养。国务院原总理李鹏曾为学校校庆题词"继承和发扬四十五年办校优良传统，为电力工业培育更多优秀人才"。2023年5月，学校成立课程思政课题组，编写的红色校史文化育人系列丛书《根脉——"红心向党 技术报国"课程思政教育实践》，以部分优秀校友代表为主线，以翔实的史料、生动的故事、鲜活的案例，再现学校师生听党话、跟党走、爱党报国的奋斗历程，充分展现了学校在不断发展的历史进程中所践行的全心全意为人民服务的精神和雷锋精神，有利于将具体的历史和文化资源转变为育人元素，为思政课程与课程思政协同育人提供教学参考，为学生成长成才提供有力支撑。

新时代新征程，沈阳工程学院师生应在未来教育教学中发挥好《根脉》的辅助作用。把学校历史血脉里沉淀的红色基因，与应用型高校育人尤其是专业课教学相结合，进一步激发推动课程思政的情怀与担当，找准课程思政的发力点，提升课程思政的精准性，使课程思政更有温度、有亲和力、有感染力，推动思政课程与课程思政同向同行、协同育人，建设"大课堂"、搭建"大平台"、建好"大师资"，提升学校"大思政课"建设实效。

这些优秀事迹和感人故事将激励沈阳工程学院师生在感悟中自觉传承，在传承中走向未来。通过身边人讲好身边事、身边事激励身边人，将学校历史文化资源与大学生学习、生活、就业有机联系在一起，使其转化为学生个人品德教育、家庭美德教育、职业道德教育、社会公德教育的好素材。将课程思政浸润到立德树人全过程的每个细节，促进学生成长为具有"雷锋精神""红心向党""技术报国"等学校历史文化传统的新时代青年。

这些优秀事迹和感人故事将持续激发沈阳工程学院师生用活用好学校历史文化蕴含的时代精神。充分挖掘学校历史文化资源中的时代精神，使其成为学生创新精神的好素材，努力打造学生真心喜爱、终身受益的"大思政课"。引导学生在校史故事、事迹中增强学校历史自信和文化自信，认知、认同和践行社会主义核心价值观，增强国家荣誉感、社会责任感、民族自豪感、事业使命感，坚定"四个自信"，成为有理想、敢担当、能吃苦、肯奋斗的新时代好青年，为赓续传承辽宁"六地"红色文化，为打造国家重大战略支撑地、重大技术创新策源地，为中华民族伟大复兴奠定坚实教育基础，提供有力的人才支撑。

北京师范大学中共党史党建研究院院长

2024 年 3 月 12 日

序言二

———

大学生活是我人生最美好的时光，母校是我成长的摇篮。我是沈阳工程学院1972级校友，52年前，我背负行囊，初入校园，满怀憧憬。忆当年，桃李共聚，朴实无华；教室里，谆谆教诲，历历在目；校园中，宿舍食堂，时时再现；课堂时，嬉笑打闹，常常在耳；闲暇时，师生情谊，久久难忘……虽然我已离开母校多年，但在母校的时光一直是我生命中最珍贵的青春记忆！

弦歌不辍耕耘路，教泽绵长桃李芳。建校以来，母校始终坚守为党育人、为国育才的初心使命，培养了一届又一届扎根电力系统一线、服务能源电力行业的优秀人才。校友们一路披荆斩棘，不断成长为能源电力领域优秀专业工程师、专家教授、企业家和党政干部，实现了自我价值，为母校赢得了荣誉、增添了光彩，为祖国做出了贡献。

穿梭光阴70余载，母校为社会培养了10万余名优秀的毕业生。工作近50年来，我一直工作在国家核能和电力行业一线，先后组建了中国电力投资集团公司、国家核电技术公司、国家电力投资集团公司三家中央企业。以奋斗者为本，筚路蓝缕，披荆斩棘，顽强生长，很幸运我能成为共和国电力事业的见证者和亲历者。面对挑战，母校给予我力量与底气。母校的精神激励我前行，老师的教诲引领我成长，同学间的友爱陪伴我进步。母校"严在当严处，爱在细微中"的教育理念和半军事化管理的习惯养成，始终是我锐意进取、奋力拼搏、追求卓越的基石。母校那些在平凡岗位上严爱相济、润己惠人、无私奉献、甘为人梯的恩师为我前行注入了源源不断的动力。

无数老师栉风沐雨，辛勤耕耘，无数学子砥砺前行，一代代沈工程人礼敬传承、守正创新。近期，母校深耕校史中的红心向党基因和技术报国传统，创作收录了以4个典型群像、35位优秀校友和"七个第一"为代表的红色校史文化育人系列丛书《根脉——"红心向党　技术报国"课程思政教育实践》，充分体现了学校扎根电力、矢志创新，传承弘扬全心全意为人民服务精神和雷锋精神，教育引领青年学子勇担奋斗使命，书写奋斗华章的历史。看过《根脉》，我倍感激动，倍感欣慰。这里面，既有我的老师、师兄师姐、同辈同窗，更有很多师弟师妹。他们在各自的岗位上熠熠生辉，用自己的方式展现着母校的教育成效。

经历改革开放后的数十年快速发展，我国国际地位不断提升，民族自信显著增强。当今世界正处于百年未有之大变局，是挑战也是机遇。厚积薄发的"中国崛起"需要一批具有中国灵魂、世界视野的社会主义接班人。愿《根脉》中的人物与事迹走进课堂、走进生活、走进一代代师弟师妹的心中，激发他们以优秀校友为榜样，汲取奋进力量，用奋斗书写最闪亮青春答卷。

祝愿母校积历史之厚蕴，人才辈出，越办越好，再谱新篇！

中国华润集团和中国中化控股
有限责任公司外部董事召集人

2024 年 4 月 6 日

目录

◎ 第三部分

扎根电力　改革创新

◎ 第五部分

爱岗敬业　赓续奋斗

◎　第六部分

根脉传承　筑梦青春

第 一 部 分

红心向党
奠基创业

人总是要死的，但死的意义有不同。中国古时候有个文学家叫做司马迁的说过："人固有一死，或重于泰山，或轻于鸿毛。"为人民利益而死，就比泰山还重；替法西斯卖力，替剥削人民和压迫人民的人去死，就比鸿毛还轻。张思德同志是为人民利益而死的，他的死是比泰山还要重的。

——1944 年 9 月 8 日，毛泽东在中共中央警备团追悼张思德的会上的讲演

一百年来，在党的坚强领导下，共青团不忘初心、牢记使命，走在青年前列，组织引导一代又一代青年坚定信念、紧跟党走，为争取民族独立、人民解放和实现国家富强、人民幸福而贡献力量，谱写了中华民族伟大复兴进程中激昂的青春乐章。……在新的征程上，如何更好把青年团结起来、组织起来、动员起来，为实现第二个百年奋斗目标、实现中华民族伟大复兴的中国梦而奋斗，是新时代中国青年运动和青年工作必须回答的重大课题。

——2022 年 5 月 10 日，习近平在庆祝中国共产主义青年团成立 100 周年大会上的讲话

筚路蓝缕以启山林
为党育人为国育才
——记沈阳工程学院首任校长蒋南翔

蒋南翔

（1913—1988）

————

忠诚的共产主义战士、无产阶级革命家、马克思主义教育家、我国青年运动的著名领导者。1947年6月至1948年7月，任哈尔滨青年干部学校校长。沈阳工程学院首任校长。

————

"华北之大，已经安放不下一张平静的书桌了！"这是"一二·九"运动中最为痛彻心扉，也最能激动人心的一句宣言。这个宣言的发起者，就是沈阳工程学院的首任校长蒋南翔。

清华园中鼓与呼，"一二·九"中露峥嵘

蒋南翔从中学时代起，便积极参加爱国运动。1932年，他考入清华大学。1933年10月，加入中国共产党。1935年，他成为清华大学地下党支部书记，并担任《清华周刊》主编。他以笔为刀，用生动通俗的文字，介绍马列主义理论，宣传共产党的抗日主张，揭露亲日派的卖国行径。

© 蒋南翔（前排中）与《清华周刊》编辑部合影（1935 年）

根脉 | "红心向党　技术报国"课程思政教育实践

华北事变爆发后，民族危机空前严重。在中国共产党的领导下，北平爱国学生数千人举行了轰轰烈烈的抗日救国游行示威，这就是伟大的"一二·九"运动。运动准备过程中，北平市工委要求蒋南翔负责起草一篇对外宣言，他在清华学堂的地下室里，用了两三晚的时间，完成了《清华大学救国会告全国民众书》。这篇宣言在1935年12月9日的游行中被印成传单，贴满了北平的大街小巷。"华北之大，已经安放不下一张平静的书桌了！"这句话传遍了大江南北，点燃了全国民众的爱国热情，成为动员千百万青年和人民起来参加抗日斗争锐利的战斗号角。

白山黑水创青运，建校铸魂育人才

抗日战争胜利后，中共中央和毛泽东提出"向北发展，向南防御"的战略方针，先后派出2万名干部和11万部队挺进东北。千头万绪之中，党中央对东北的青年工作给予了高度的重视。1945年9月，中央书记处书记任弼时召集中央青年工作委员会的冯文彬、蒋南翔、宋一平等人到杨家岭中央大礼堂开会，作出重要指示："东北的地方很重要，东北革命的胜利将会加速中国革命胜利的进程。我们很迫切地需要到东北去，做团结和教育东北青年的工作，提高他们的觉悟。"

根据任弼时的指示，由蒋南翔任队长、宋一平任副队长的五四青年工作队，共90多人，从延安徒步出发，经过3个多月的艰苦跋涉，到达东北局所在地吉林海龙，着手开展党的青年工作。

◎ 蒋南翔 1947 年在哈尔滨

毛泽东曾指出："政治路线确定之后，干部就是决定的因素。因此，有计划地培养大批的新干部，就是我们的战斗任务。"东北民主联军取得"三下江南，四保临江"的胜利后，哈尔滨面临的军事威胁得以解除，作为战略基地的建设任务成为首要的问题。支援前线、发展生产、城市建设、社会治安等方面的工作迫切需要补充政治上可靠、有一定文化的青年干部。从"一二·九"运动一路走来、一路战斗的蒋南翔，面对这个紧迫的战斗任务，提出了《关于建立哈尔滨青年干部学校的报告》。1947年5月21日，中共哈尔滨市委讨论通过了蒋南翔的报告。1947年6月1日，哈尔滨青年干部学校正式宣布成立，校址设在哈尔滨道里区地段街175号，蒋南翔出任首任校长。

1947年6月2日下午1时，第一期学员开学典礼在学校礼堂隆重举行。蒋南翔校长发表讲话：青干校在哈尔滨是一个新型的学校，要有新的学风和新的校风。青干校是培养建设新民主主义哈尔滨的各类人才和干部的学校，校训是"为人民服务"。

◎ 哈尔滨青年干部学校的校徽上方为毛泽东侧面剪影，中间为校训"为人民服务"，底部为学校简称"青干"及建校时间"1947"

1945 年 4 月 24 日，在党的七大上，毛泽东提出了“全心全意为人民服务”的思想。他在七大所作的《论联合政府》的政治报告中指出：“我们共产党人区别于其他任何政党的又一个显著的标志，就是和最广大的人民群众取得最密切的联系。全心全意地为人民服务，一刻也不脱离群众；一切从人民的利益出发，而不是从个人或小集团的利益出发；向人民负责和向党的领导机关负责的一致性；这些就是我们的出发点。”随后，党的七大通过的党章，正式将“全心全意为人民服务”写入总纲，成为党必须坚持的根本宗旨。

大道至简。“为人民服务”这简单的五个字，贯彻于哈尔滨青年干部学校办学的方方面面。

“为人民服务”体现在青干校的课程设置上，就是要传授给学员们为人民服务的实际本领。聚焦培养青年革命干部的主责主业，青干校开设有中国问题、国际问题、唯物史观、近现代史以及各种政策、国文写作等主要课程，课程安排少而精。蒋南翔校长亲自讲授“中国国民党与中国共产党”“三民主义与共产主义”“青年运动和团的工作”，他讲的课理论联系实际，深入浅出、生动活泼，很受学员们的欢迎。

“为人民服务”体现在青干校的培养方式上，践行理论与实际相结合，把社会实践当作学员们最好的大课堂。学员们先后参加了哈尔滨市郊区农村土地改革工作，还参加了动员城市人口下乡参加农业生产的移民工作及哈市户口调查工作，等等。蒋南翔当时工作非常忙，但每次下乡搞土地改革，他都要深入到青干校土改工作队做具体指导。他和同学们一起发动群众，一起斗地主，晚上和同学们睡在一起，与同学们、老乡们唠家常。他认为，知识青年与工农相结合，这是知识分子革命化的必由之路。蒋南翔的以身作则，给学员们作出了最好的榜样。

“为人民服务”体现在青干校的日常管理上，干部和学员一样，同吃同住，同甘共苦。新生的哈尔滨青干校，生活条件是比较艰苦的。箪瓢陋室、粝食粗餐，领导和学员和衷共济、勠力同心。几十年后，当年的学员们对那段艰苦朴素的岁月仍记忆犹新："青干校的伙食是供给制，吃粗粮、土豆、白菜、萝卜、咸菜。每个小组一个长条桌，桌上放一盆菜，没有座都是抱着碗站着吃，当时吃得也很香。干部和学员的关系非常好。"

担任哈尔滨青年干部学校校长13个月后，蒋南翔离开了这所他亲手创建的学校。1948年7月22日，蒋南翔校长满怀深情地向学员作了语重心长的告别演讲。他说："东北青年二年来，经过和盲目正统观念的斗争，将来东北青年都要从不自觉到自觉。这就不是少数，一定要几十万几百万青年都跟着毛主席方向走。……东北青年在有了思想觉悟以后，有勇敢热情，再和毛泽东思想结合起来是一个伟大的力量。我希望青干校同学能保持这种革命的勇敢热情，和毛泽东思想结合起来，来推动东北、中国革命胜利。"

历史证明了蒋南翔校长的预见。1948年11月2日，以沈阳解放为标志，辽沈战役胜利结束。中国革命形势发展到一个新的转折点，夺取全国决定性胜利的曙光已经升起。11月5日，哈尔滨青干校随中共中央东北局由哈尔滨迁至沈阳，更名为东北青年干部学校，在更大的战场上接续培养青年干部的战斗任务。哈尔滨青干校在一年半的时间里，培养了750多名青年干部，他们后来成为东北各地建团的骨干，一大批学员参加了接收长春、沈阳等城市的工作，还有一部分学员随军南下到了关内各地，为全国解放贡献了自己的青春力量。

《为人民服务》是毛泽东纪念张思德的经典名篇，是新华门里不变的初心使命，是周恩来胸前的闪亮徽章。作为哈尔滨青干校的校训，青干校人用青春践行校训，用成就回馈母校。哈尔滨青干校不愧为一所造就青年干部的革命熔炉，青年干部成长的摇篮。

斗转星移，沧海桑田。从哈尔滨一路走来的青年干部学校，如今已经成为一所以能源电力为主干学科，工、经、管、法多学科协调发展的省属本科高校。校名和校址虽几经变换，但"为党育人，为国育才"的精神内核却从未改变。学校着力培养红心向党、技术报国，具有较强创新意识、专业能力和实践应用能力，积极践行绿色低碳理念的又红又专又实的应用型高级专门人才，正是对"为人民服务"校训精神的传承和弘扬。

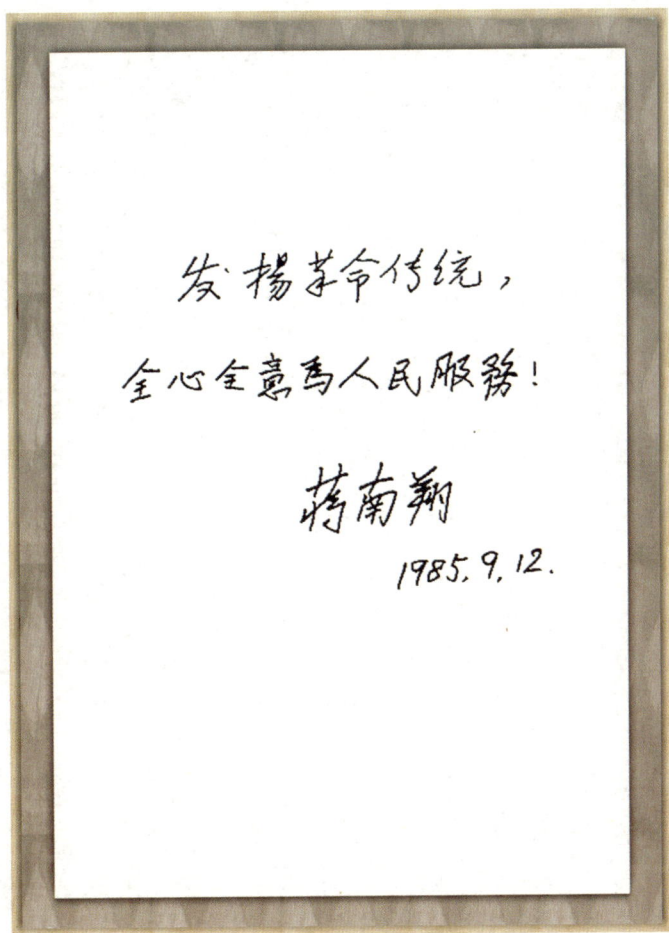

发扬革命传统，
全心全意为人民服务！

蒋南翔

1985. 9. 12.

◎ 1985 年 9 月 12 日，时任中共中央党校第一副校长的蒋南翔题词："发扬革命传统，全心全意为人民服务！"

GEN

MAI

技术报国
使命担当

在延安时期形成和发扬的光荣传统和优良作风，培育形成的以坚定正确的政治方向、解放思想实事求是的思想路线、全心全意为人民服务的根本宗旨、自力更生艰苦奋斗的创业精神为主要内容的延安精神，是党的宝贵精神财富，要代代传承下去。

——2022 年 10 月 27 日，习近平在瞻仰延安革命纪念地时的讲话

希望全国广大工程技术人员坚定科技报国、为民造福理想，勇于突破关键核心技术，锻造精品工程，推动发展新质生产力，加快实现高水平科技自立自强，服务高质量发展，为以中国式现代化全面推进强国建设、民族复兴伟业作出更大贡献。

——2024 年 1 月 19 日，习近平在"国家工程师奖"首次评选表彰之际作出的重要指示

延安精神
化育群英
——记建校初期干部教师队伍

从哈尔滨青年干部学校建校伊始到青干校随中共中央东北局迁址沈阳更名为东北青年干部学校、东北团校，在学校建校初期，始终活跃着一支优秀的干部教师队伍。他们在入校之前，有的戎马倥偬，有的主政一方，还有的在文坛崭露头角，但他们都有一个共同的特征——来自延安。

百川归流向大海，天下人心归延安

1939 年，毛泽东在延安青年群众举行的五四运动 20 周年纪念会上发表了著名的演讲——《青年运动的方向》。他认为，全国知识青年和学生青年一定要和广大的工农群众结合在一起，和他们变成一体，才能形成一支强有力的军队。"延安的青年运动的方向，就是全国的青年运动的方向。"无数爱国青年历经艰辛，从四面八方汇聚到宝塔山下、延河岸边，如潮水般涌入延安，投入共产党的怀抱。

章泽就是这些进步青年中的一员。1938 年 2 月，章泽由刘澜波（时任东北救亡总会党团书记）介绍，从东北大学（西安）奔赴陕北，入泾阳安吴堡战时青年训练班（简称安吴青训班）第五期第一大队学习，由此参加革命。入学两个月后，章泽便加入了中国共产党。毛泽东曾为安吴青训班题词："带着新鲜血液与朝气加入革命队伍的青年们，无论他们是共产党员或非党员，都是可宝贵的。没有他们，革命队伍就不能发展，革命就不能胜利……"青训班结业后，章泽投入敌后抗日工作中，经受了战火的淬炼和考验。1941年5月，章泽进入延安泽东青年干部学校高级班学习深造，结业后任延安市青年联合会主席等职。

不同于章泽这样来到陕北之后参加革命的青年，韩天石早在1935年在北京大学读书时就开始了革命工作，以北京大学学生会主席的身份参与组织领导了著名的"一二·九"运动。1936年6月，他加入了中国共产党。此后受党指示，去四川开展地下工作。1939年12月，由于国民党消极抗日、积极反共，斗争形势日益恶化，韩天石在川康特委委员兼青委书记任上，由成都撤退至延安，任中共中央青年工作委员会秘书长等职。同时期，他组织安排了近300名进步青年通过各种方式投奔延安，于北辰（当时用名喻厚高）就是其中之一。1939年12月8日，四川大学党总支组织委员兼成都学生救亡工作促进会党团书记于北辰同抗日促进会180多人由成都辗转奔赴延安，途中经过57天的行军，行程3000余里，一路险象环生，最终于1940年2月2日到达延安。于北辰被安排进泽东青年干部学校高级班学习。后在中共中央青年工作委员会、延安青年艺术剧院工作。

陈模是1941年初到达延安的，那一年，他还不到18岁，却已经是一个"老革命"了。1936年春，13岁的陈模进入地下党创办的上海抗日救国会临青学校（夜校），走上了革命道路。1937年上海"八·一三"抗战后，他作为五个发起人之一，参与了著名的"孩子剧团"的创办，被选为五人干事会干事，担任生活管理部长。1938年5月，在周恩来的指示下，经团长吴新稼介绍，不满15岁的陈模成为一名共产党员。1941年皖南事变后，陈模化装成八路军桂林办事处通讯员，从重庆撤往延安，进入中央党校五十二班九组学习。1942年5月，被分配到中央党校秘书处工作。同年秋，担任中央党校副校长兼教育长彭真的行政秘书。

像章泽、韩天石、于北辰、陈模这样来到延安的青年还有很多很多，他们在这革命的圣地，逐步成长为具有坚定理想信念和革命意志的无产阶级战士。

延安干部赴东北，千里不辞行路远

身处延安，心怀天下。鉴于东北地区重要的战略地位，党中央在中共七大时，就提出了争取东北的任务。毛泽东在党的七大会议上指出："从我们党，从中国革命的最近将来的前途看，东北是特别重要的。如果我们把现有的一切根据地都丢了，只要我们有了东北，那么中国革命就有巩固的基础。"

那么如何争取东北呢？派遣东北籍干部回东北工作，是党中央和毛泽东的一个工作思路。1945年8月12日，中共中央召开书记处会议，决定由中央组织部集中延安的东北干部及确定去东北工作的干部组成训练班，准备派往东北工作。韩天石和章泽都是辽宁沈阳人，他们作为东北干部团第一批成员，踏上了重返东北的新征程。

陈模和于北辰则是跟随另一支队伍——五四青年工作队来到东北的。1945年9月，中央书记处书记任弼时召集中央青委负责同志开会，作出重要指示："东北青年在伪满统治下十四年，他们有强烈的爱国心，但过去没有机会接触外面的世界，像黑屋子里的人骤然跑到阳光下面，一时不容易认清自己的方向，因此我们很迫切地需要到东北去做团结和教育东北青年的工作，提高他们的革命觉悟。"根据任弼时的指示，由蒋南翔任队长、宋一平任副队长的五四青年工作队，共90多人，从延安徒步出发开赴东北。于北辰作为延安青年剧院院务部负责人，带领牛犇等鲁迅艺术学院的同志编入五四青年工作队，并担任了总支委员的职务。22岁的陈模，则作为当时五四青年工作队中最年轻的四个干部之一，成为"壮丁组"的一员，始终走在队伍的前面打前站，负责联络。他们走过了陕北高原，越过了黄河天险，越过了万里长城，穿过了敌人同蒲路封锁线，途中多次遭遇土匪、顽军等险情，但无论什么艰难险阻都无法磨灭他们挺进东北的意志。从1945年10月11日出发，五四青年工作队整整走了3个多月，横跨陕西、山西、河北、察哈尔、热河、辽宁和吉林7个省，终于在1946年1月下旬抵达当时中共中央东北局所在地——吉林省海龙县，进入了冰天雪地和弥漫着剧烈斗争空气的东北，开展党的青年工作。

聚是一团火，散是满天星

这些来自延安的革命种子，又因为一所学校汇聚到了一起。

1947年5月21日，中共哈尔滨市委讨论通过了蒋南翔《关于建立哈尔滨青年干部学校的报告》。同意蒋南翔提出的开办干部学校，短期内造就一大批年轻的革命干部的意见。会后，蒋南翔向当时担任中共哈尔滨市委学生工作委员会（简称学委）书记的陈模传达了市委的决定，并指定他负责筹办。

1947年6月1日，哈尔滨青年干部学校宣布正式成立，蒋南翔任校长。学校的机构非常精简，在校长之下直设校务委员会，由陈模主持日常工作。职能机构只有三个科，即干部科、教务科、校务科。陈模兼任干部科科长和总支委员会书记。陈模事实上发挥了教育长的职能。第一期学员共分编为8个队，每队设有指导员，正、副队长。陈模还兼任了第二、第八队的指导员。

1948年8月，蒋南翔校长从东北局青委书记任上调东北局党报委员会秘书长，离开了他亲手创办的哈尔滨青干校。东北局新任青委书记韩天石接任哈尔滨青干校校长职务。在研究为东北局青委物色一位副书记人选时，二人不约而同地想到了章泽，他们三人都长期从事青年工作，又是延安时的老相识。1948年9月，章泽走上东北局青委秘书长和毛泽东青年团筹委会秘书长的岗位。

1948年11月2日，沈阳全面解放，辽沈战役胜利结束，东北局决定迁往沈阳。章泽立即率领东北局青委、哈尔滨青干校的干部和60余名建团工作者，先行来到沈阳筹建东北局青委机关和东北青干校。章泽很好地完成了任务，为青委机关、青年干部学校等单位准备好了办公、生活用房、用品及交通工具等，并在沈阳、鞍山、抚顺、本溪等市开展了建团工作。同一时期，于北辰调东北局青年工委工作，任东北团委常委、秘书长兼青农部长，并兼任东北青干校教育长。此时的东北青干校实行校长领导下的教育长负责制，于北辰在韩天石校长的领导下，承担了比较繁重的行政工作，此外还亲自给学员授课，如"根据什么我们在一年以内基本上打垮了蒋政权""青年运动与青年团问题""批评与自我批评问题"等，引领了青年学员的成长，使青年运动与青年团工作更明确了目标与方向。

当时的青干校，以韩天石、章泽、于北辰、陈模、牛犇、李一非等延安来的"老干部"为代表的干部教师队伍，把延安精神带到了哈尔滨青干校的校园之中。这些"老干部"，当年年龄最大的不过30多岁，最年轻的陈模还不到25岁，说他们是老干部，其实更多的是指他们参加革命早，斗争经验丰富。他们不只注重正确地传授革命理论，而且更注重革命作风的言传身教。他们艰苦朴素、平易近人、言行一致、实事求是的革命作风，深受学员的敬重，也带动了各队队长、副队长以他们为榜样、为模范，对学员影响极大。比如陈模，当时已经是团级干部，还配备有警卫员，但他主动放弃应享受的待遇，为的是联系群众，做好工作。还有于北辰，他经常深入到学员中去，和大家一起讨论问题，了解学员的思想活动。学员们也都愿意与他交心，甚至连婚姻恋爱问题也愿意请他出主意。延安来的"老干部"，对青干校的建设起到决定性的作用。

这些延安来的"老干部"在青干校工作的时间都不太长，但在他们筚路蓝缕的开拓和努力下，青干校迅速发展壮大，组织日益完善。自1947

© 1948年4月，哈尔滨青干校二期部分师生合影（中排右一为陈模）

年6月2日在哈尔滨青干校第一期开学到1954年11月16日东北团校第十八期毕业止，被誉为革命熔炉的哈尔滨青年干部学校—东北青年干部学校—东北团校，培养锻造了3793名青年干部，他们如漫天星辰分散在各地，用青春为祖国散发自己的光和热。

忠诚于党
初心永续

——记《黄河大合唱》经典传唱人李一非

李一非

（1921—2019）

———

女，曾用名李骏，中共党员。1947年6月至1949年7月，担任哈尔滨青年干部学校队长、政治指导员，《黄河大合唱》经典传唱人。

———

李一非的一生，体验过军旅、感受过学堂，到过机关、下过工厂，始终奔赴在祖国需要的第一线，拼搏战斗，无怨无悔。

延河水育革命花，黄河经典咏流传

1937年5月，不满16岁的李一非离开家庭，走上了革命道路。她先后参加了武汉市妇女抗敌后援会护训班、武汉基督教青年会学生救济会、首都平津学生救亡宣传团等革命组织，帮助看护伤员、宣传抗日救亡，结识了人民音乐家冼星海等人。

1938年5月，李一非成为延安鲁迅艺术学院音乐系第二期的正式学员。1938年11月，她进入中国人民抗日军事政治大学八大队，边学习边实践。一个月后，她进入中国人民抗日军事政治大学政治部文艺工作团，成为干部。1939年6月12日，由程森、黎坚两位同志介绍，李一非加入了中国共产党。1939年8月，李一非进入延安中国女子大学学习。在女大学习期间，除政治经济学、哲学、中共党史等正课外，晚上还开了几门副课，如文学、新闻、音乐等，李一非报名参加了由冼星海主讲的音乐组。1940年2月16日，为欢迎途经延安去榆林拍电影的中国电影制片厂西北摄影队，延安组织了来自女大、鲁艺等单位的500人，冼星海亲自担任指挥的《黄河大合唱》，这在延安是空前的盛况，声势浩大，李一非参加了这次演出。2019年4月13日，中央广播电视总台综合频道《经典咏流传》第二季节目，邀请李一非、解冰、瞿弦和、俞峰等几代《黄河大合唱》的表演者和传唱者致敬经典，在舞台上重现民族生死存亡的危难关头中华儿女奋起反抗的英雄气概。时隔80年重唱经典，98岁高龄的李一非内心难抑激动，眼眶中闪动的泪光表达着对民族精神的传承，铿锵的歌声高扬着永恒不变的爱国情怀。

青干校弘扬延安精神，戈壁滩扎根无怨无悔

1947年6月，李一非调入哈尔滨青年干部学校，先后担任第一期第七队、第二期第五队、第三期第六队指导员，第四期第一队队长。从哈尔滨到沈阳，李一非经历了青干校从无到有的创校艰辛，也在迁校过程中体味了东北解放的欢欣鼓舞。作为一名延安来的"老干部"，李一非和于北辰、张李明、牛犇等几位同志一起，带动了青干校整体的革命化作风，践行了青干校"为人民服务"的校训，为党和国家培养了一大批青年干部。1949年7月24日，李一非被调离工作了两年多的青干校，踏上了新的革命征程。

李一非曾经在回忆录中写道："延安艰苦奋斗的精神鼓舞我坚强刚毅克

◎ 年轻时的李一非

服困难，敢于负责，女大教育我革命利益高于一切，为人民服务要我干啥就干啥。"1960 年 11 月，李一非被调到二机部情报所工作，开始接触保密性极强、工作性质也十分特殊的工作，这一干，就是 10 多年。1971 年 8 月，她服从组织安排，来到西北戈壁深处，扎根戈壁荒漠上的四〇四厂近 11 年，直至 1982 年 12 月离休。

中核四〇四是 1958 年经中央专委批准建设的我国最早、规模最大、体系最完整的核技术生产、科研基地。四〇四厂的创建，实现了我国核武器从无到有的历史性突破，为我国 1964 年成功爆炸第一颗原子弹、1967 年爆炸第一颗氢弹作出了无可替代的历史性贡献。在李一非的记忆中，戈壁的春天总是来得很迟，即便谷雨已过，那里仍然是风雪漫天，雪花裹挟着沙土随风飘荡着，游弋在广阔的戈壁滩上。然而，核工业人沸腾的战斗生活正在逐渐改变着戈壁滩的荒芜。在四〇四，李一非经历了一年一度的祁连山融雪，昌马河涨潮，同时也见证了无数核工业人在这片荒芜的土地上一次次创造奇迹。核工业人在这里盖起了一幢幢新厂房，建造了火力发电厂，修建了几十公里长龙似的地下输水管线……她不止一次地说："我自豪我是戈壁人。"

国强则民强，作为经历过战争的老革命者，作为自力更生、艰苦创业的第一代核工业者，李一非用奋斗自强奏响了人生凯歌。李一非说："我们这一代人的人生，不是以建立一个小家、追求个人的前途为目标，而是要为建立一个独立自由、繁荣富强的社会主义国家去战斗、去拼搏，不管怎样艰难困苦，都无怨无悔。"

耄耋之年初心不改，牢记使命忠诚于党

离休之后，李一非将党组织生活当作一件大事去做。作为中核集团离退休干部局党委第三党支部中年纪最大、资格最老的党员，她几乎没有缺席过任何一次支部活动。从复兴门外大街 22 号楼到位于三里河南四巷的中核集团综合楼，1.2 公里的距离，一个成年人正常情况下步行约需 20 分钟。2019 年 4 月 9 日，98 岁的李一非老人为参加支部大会，花了 1 个小时走完了这段路。

中核集团离退休干部局党委第三党支部书记李国华至今仍然记得那天的场景。"那天北京的天气不好，雨下得挺大的，支部好多老人都没有来。"李国华回忆道，"支部大会开始 20 分钟之后，李一非老人走了进来，气喘吁吁，浑身都湿透了。"李国华赶紧迎上去，接过老人手中的雨伞，心疼地说："李老，这么大的雨，您怎么还过来了。以后再遇到刮风下雨下雪这样的天儿，您就别跑啦。"李一非老人红了眼眶，一句话都没说，默默地坐在位子上，认真地听会、记笔记。散会之后，李一非给李国华手里递了

一张字条，上面的内容感动了所有人——"李支书记：您好。对不起，打出租车没打着，迟到了。我98岁，耳聋，眼看不清，腿又瘸。但只要能走，支部会是一定要参加的。三四个月和同志们见一次，非常惦念。只要能走，我一定要参加的。请见谅。李一非，2019年4月9日。"

然而，谁也没想到的是，这是李一非最后一次参加支部组织生活。一个多月后，2019年6月1日，李一非在北京病故，享年98岁。临终之前，她还惦记着参加下一次支部组织

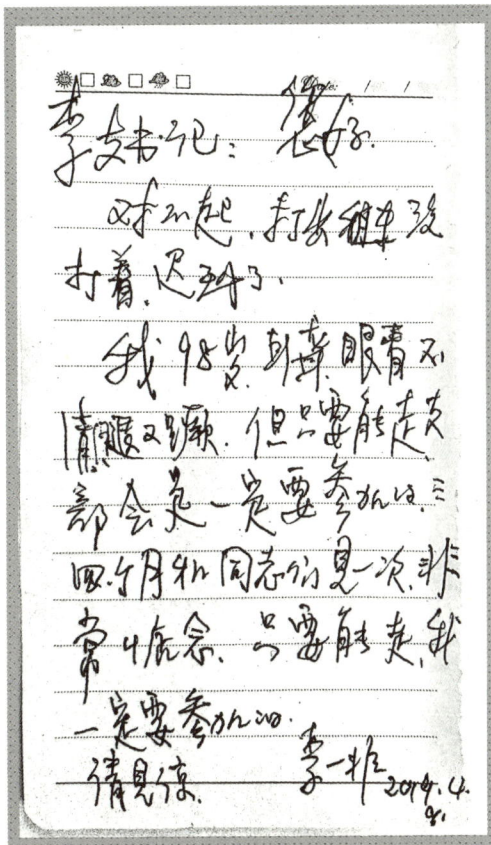

◎ 李一非写给支部书记的字条

生活。在她的笔记本里，留下了最后一行字：7月8日，党支部开会。

李一非的事迹感动了很多人。2020年7月31日，中核集团离退休干部局下发了《关于开展向李一非同志学习的决定》，号召全局党员学习李一非不忘初心、牢记使命、忠诚于党的政治品格；学习她勤恳踏实、忠于职守、坚持按时参加党支部活动的纪律意识；学习她艰苦朴素、廉洁齐家、甘于奉献的革命情怀；学习她严于律己、清白做人、襟怀坦荡的高尚品德。

历经沧桑初心不改
饱经风霜本色依旧
——记忠诚于党、赤诚奉献的杜贯一

杜贯一

（1924 年生）

——

男，中共党员。离休前任辽宁青年管理干部学院图书馆副馆长。1948年 11 月，东北青干校第四期学员。

——

"我的一切是党给予的。当我的心脏停止跳动的时候，请把我的遗体献给党，献给国家，让我这颗对共产主义信仰坚定如钢的心，对党永恒忠诚的心，随着红旗永远的飘动飞扬，我的心将永远永远高呼，伟大的中国共产党万岁，伟大的祖国中华人民共和国万岁！"这是一位时年 92 岁高龄的老人，在党的 95 岁华诞来临之际，在他的遗体捐献书上写下的一段感人肺腑的话。这朴实无华的语言，充分体现了这名党员毕生的追求和对党、对国家无尽的热爱。这位老人就是沈阳工程学院离休干部杜贯一。

地下学联初识共产主义，革命熔炉淬炼无悔青春

杜贯一，出生于 1924 年 7 月，儿时社会的动荡和家庭的贫困使他尝

尽了苦难，对未来充满了迷茫。1947年，在中共党员的感召和帮助下，他参加了地下学生联合会，逐渐接触到了马克思列宁主义，知道了什么是共产主义，什么是共产党。从那时起，他感觉到人生的春天来到了，一颗种子开始在他心中萌芽，成为一名共产党员成了他的人生奋斗目标。

1948年11月2日，沈阳解放。哈尔滨青年干部学校随东北局从哈尔滨迁入沈阳，正式更名为东北青年干部学校。1948年12月初，东北青年干部学校在沈阳的第一期（总第四期）学员入学。这一期学员主要培训东北各省、市选送来的青年干部及沈阳市的地下青运骨干和积极分子。杜贯一作为地下学生联合会的骨干，被组织选送到东北青干校学习，成为273名总第四期学员中的一员。经过近6个月的政治理论、青年运动、建团实务等方面的学习，大部分学员都回到原省、市充实到团委领导机关，从事团的工作。杜贯一由于表现突出，被留校任教。

◎ 东北青年干部学校学员合影，前排左一为杜贯一

在东北青年干部学校这个革命的熔炉中，年轻的杜贯一感觉到浑身有使不完的劲儿，每天都要工作到深夜才去休息。1953年3月10日，他光荣地加入了中国共产党。那一夜，他兴奋得彻夜未眠，下定决心要永远跟党走。此后，他对工作越加努力，越加勤恳。即使在后来，在被打成右派，清除出党，投入教养院的22年中，他仍历经沧桑而初心不改、饱经风霜而本色依旧，坚持不断学习，带病忘我工作。在那22年中，他每月从微薄的生活费中省出1元钱，积攒起来作为自己认为的"党费"，以此表达对党的一片赤诚之心。

初心不改重新入党，为党工作无怨无悔

党的十一届三中全会后，他回到辽宁省团校，重新投入到为党育人、为国育才的教育事业中来。为党工作，他永远有着使不完的劲头。离休后，他应邀到辽宁经济报社做顾问。无论在哪个岗位，他都一丝不苟、兢兢业业，仿佛要通过自己的努力工作，去挽回那22年的青春年华，来回报党对他的恩情。

落实政策后，由于种种原因，他并没能立即实现恢复党员身份的愿望。但他仍努力工作，一直没有停止对党的不懈追求，更加激励自己坚毅生活，昂扬向上。党组织安排活动，他积极参加。党组织布置工作，他认真完成。离休后的杜贯一老人勤俭节约，积极帮助老同志，关心下一代。2008年汶川地震，他捐出了积攒22年的264元党费。他说："就当是我离开党组织这些年的特殊党费吧。"2016年，他拿出1000元资助了学校的一名优秀特困生，并写信鼓励该同学努力进取，报效祖国。他还定期回到沈阳工程学院的校园，为大学生进行思想政治教育，对青年人进行人生观、世界观、价值观的指导。阳光矍铄的杜贯一，赢得师生员工、党员群众一致的赞誉。

2010 年 3 月 10 日，86 岁的杜贯一终于如愿以偿，重新加入了中国共产党。2013 年 6 月之后，他两次向组织递交了捐献遗体申请书，以实现把自己的一切献给党、献给伟大祖国的赤诚之心。"我这辈子就信共产党。我现在所有的一切，都是党给的。所以我为党工作，做多少我都无怨无悔。"这就是一个高龄党员坚守理想、对党忠诚的初心使命。

杜贯一（1924—）
青干校学员
曾任辽宁青年干部学院图书馆副馆长

© 2022 年 1 月 18 日，杜贯一在家中接受《哈尔滨青年干部学院》专题纪录片摄制组采访

践行为人民服务校训
助推学雷锋走向全国
——记哈尔滨青年干部学校学员、教务科
   干事宋廷章

宋廷章

（1926—2020）

———

男，中共党员。1947 年参加革命，同年加入中国共产党。1947 年 6 月至 1948 年 7 月，哈尔滨青年干部学校第一期学员，历任第一期第四队、第二期第二队、第三期第二队队长，教务科干事。任职共青团抚顺市委书记时期，助推学雷锋活动从抚顺走向全国。

———

辽宁是雷锋精神的发祥地。1958 年 11 月，雷锋从家乡湖南远赴辽宁，开启了他生命中的"辽宁时间"。在辽宁的 3 年零 9 个月，他完成了从工人到伟大的共产主义战士的转变。你可曾想过，雷锋是如何从部队走向社会，从抚顺走向全国，成为千千万万青少年甚至是全民偶像的？在助推学雷锋活动从抚顺走向全国的过程中，有一个人发挥了极为关键的作用，他就是时任共青团抚顺市委书记的宋廷章。

一路成长践行校训，任职抚顺结识雷锋

宋廷章是哈尔滨青干校成立之初的第一期学员。由于表现优异，他担任了第一期第四队队长职务。第一期结业后，宋廷章留校任教，先后担任第二期第二队、第三期第二队队长并兼任教务科干事。在青干校的一年多时间里，他认真学习，积极工作，用实际行动践行了蒋南翔校长提出的"为人民服务"的校训。因为工作出色，1948年7月，宋廷章随蒋南翔校长调到东北局党报委员会工作，后又随蒋南翔调至团中央工作，担任蒋南翔的秘书兼政策研究室东北组研究员。1953年，宋廷章离开团中央，来到共青团抚顺市委工作，先后担任抚顺团市委宣传部部长、副书记。1957年1月，宋廷章担任共青团抚顺市委书记。

此时的雷锋，已经"小有名气"了。雷锋在鞍钢和弓长岭焦化厂工作时间虽然仅有短短的14个月，但他3次被评为先进工作者，5次被评为标兵，18次被评为红旗手，并荣获"青年社会主义建设积极分子"的光荣称号。1960年1月，雷锋参加了中国人民解放军。这位先进青年的事迹很快被共青团抚顺市委了解到。1960年10月，雷锋被共青团抚顺市委聘请为抚顺市望花区建设街小学（现雷锋小学）和本溪路小学（现雷锋中学）两所学校少先队的校外辅导员。

1961年8月，抚顺市召开第四届人民代表大会，宋廷章和雷锋同时参会。这是他和雷锋第一次近距离的接触，宋廷章回忆，每次在代表驻地遇见雷锋，雷锋不是在擦地板、打热水，就是在帮助周围的代表忙前忙后，一点也闲不住。谦虚、热心

◎ 共青团抚顺市委书记宋廷章

而又充满活力的雷锋就这样走进了以宋廷章为代表的抚顺团干部的心里，也化成了日后他们推广雷锋精神的无穷力量。1962 年 6 月 29 日，雷锋参加了共青团抚顺市委召开的"表彰全市少先队优秀辅导员大会"，并作为模范少先队校外辅导员代表发言，宋廷章代表团市委亲手授予雷锋优秀校外辅导员奖状。

雷锋精神感召青年，抚顺经验推广全国

1962 年 8 月，雷锋牺牲的消息传到团市委，想到那个笑容可掬、热情开朗的小战士，大家悲痛不已。10 月初，雷锋生前所在部队在抚顺西部望花地区举办了一个雷锋烈士展览室，宋廷章和共青团抚顺市委宣传部同志应邀参观预展。建在军营里的雷锋烈士事迹展览室并不大，甚至有些简陋，但宋廷章和同事们在参观之后都被雷锋的事迹深深打动了。宋廷章强烈意识到雷锋作为新中国社会主义建设的英雄模范，是教育青少年的一个最佳典型。在征求意见的座谈会上，宋廷章向部队领导提出："能否允许我们组织全市青少年来参观学习？"时任沈阳军区工程兵主任王良太将军当即应允。

回到团市委机关后，宋廷章很快就组织召开了共青团抚顺市委常委会，会议作出号召全市青少年向雷锋学习的决议。1962 年 10 月 23 日，也就是"雷锋烈士事迹展览室"正式开幕的第二天，共青团抚顺市委《关于组织全市广大青年参观"雷锋烈士展览室"，开展好阶级教育的重要通知》印发，这是全国第一份地方组织号召学习雷锋的正式文件，由此，共青团抚顺市委开创了地方学雷锋的先河，也为全国学雷锋活动提供了宝贵的经验。这份文件简要地介绍了雷锋的简历、家庭出身、成长经历、先进事迹和参观活动的目的、形式、内容等，文件同时号召全市广大青少年向雷锋学习。以该文件印发为标志，抚顺群众性学雷锋活动迅速开展起来，据记载，文

件印发后，在短短的两个月内，全市有21.4万余名青少年参加了各种形式的学雷锋活动。

1962年11月3日，共青团抚顺市委向中共抚顺市委、共青团辽宁省委、共青团中央呈报了《关于从组织青少年参观"雷锋烈士事迹展览室"入手，开展阶级教育的初步报告》。紧接着在11月24日共青团抚顺市委五届二次委员（扩大）会议上，作出了《关于在全市青少年中以雷锋为引线，深入开展阶级和阶级斗争教育的决定》。12月13日，团市委再次向市委、团省委、团中央呈送《关于从组织青少年学习雷锋入手，进行阶级教育的初步总结报告》（以下简称《初步总结报告》）。

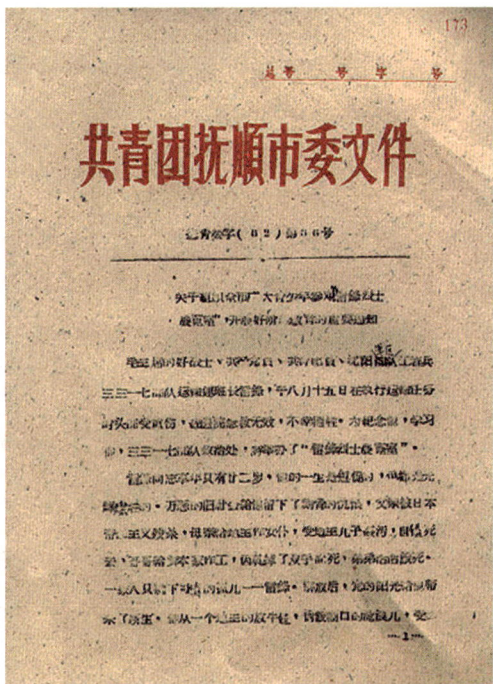

◎ 1962年，共青团抚顺市委起草印发《关于组织全市广大青年参观"雷锋烈士展览室"，开展好阶级教育的重要通知》，号召抚顺市青少年向雷锋学习

12月22日，共青团辽宁省委批转了这份《初步总结报告》，发至全省各市、地团委。从此，辽宁省青少年学雷锋活动全面推开。

助推学习雷锋活动从抚顺走向全国的人中还有一位校友，他就是曾任共青团辽宁省委书记兼辽宁省团校校长的杨海波。1960年，杨海波被选为共青团中央书记处书记，分管宣传和学校工作。共青团抚顺市委的《初步总结报告》送达中央后，引起了曾经在辽宁工作过的杨海波的高度关注。为了了解、总结辽宁学雷锋的活动情况，他亲自到雷锋生前所在班蹲点，与雷锋班的战士们一起住了一个星期；仔细研究雷锋日记，和雷锋班的战士们交谈……回到北京，杨海波向共青团中央书记处第一书记胡耀邦汇报后，经团中央书记处研究、决定，向全国青少年推广学雷锋活动。1963年2月15日，共青团中央根据辽宁省及抚顺市学习雷锋活动的总结经验和做法，发出了《关于在全国青少年中广泛开展学习雷锋的教育活动通知》，并决定向全国各地宣传推广辽宁，特别是抚顺学雷锋的典型经验。2月22日，毛泽东应团中央机关刊《中国青年》杂志的请求为《中国青年》杂志题词："向雷锋同志学习"。3月2日《中国青年》第五、第六两期合刊"学习雷锋专辑"出版。北京和其他各地几经重印，累计印数达800多万份。3月4日，杨海波代表共青团中央书记处向全国青少年发表了题为《光辉的榜样，伟大的号召》关于学习雷锋的广播讲话。

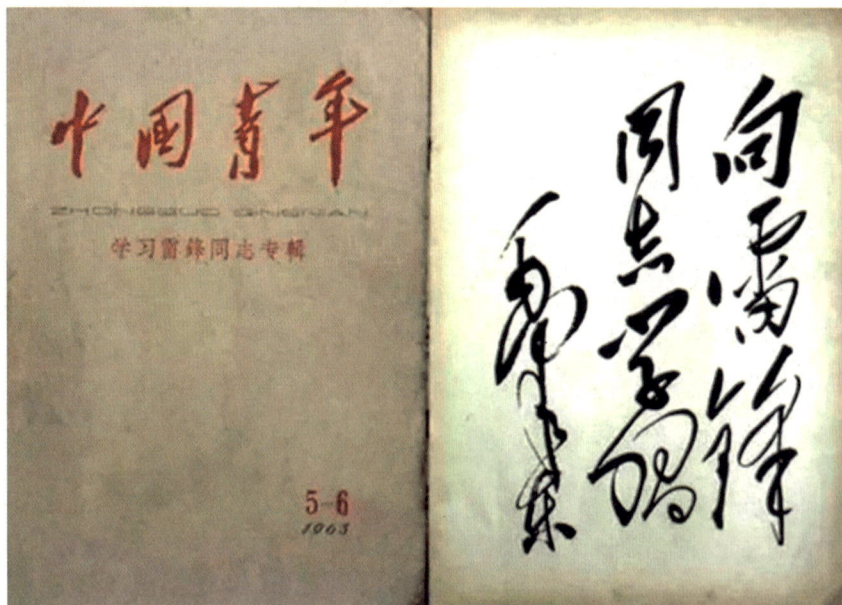

◎ 《中国青年报》刊登毛泽东题词手迹：向雷锋同志学习

1963 年 3 月 5 日，《人民日报》《解放军报》《光明日报》《工人日报》《中国青年报》在头版显著位置刊登了毛泽东的题词手迹。从这一天起，学习雷锋的活动在全国范围内蓬勃兴起。此后每年的 3 月 5 日也就成了学习雷锋的纪念日。

抚今追昔寻根溯源，雷锋精神立德树人

60 年来，学雷锋活动在全国持续深入开展，雷锋的名字家喻户晓，雷锋的事迹深入人心，雷锋精神滋养着一代代中华儿女的心灵。实践证明，无论时代如何变迁，雷锋精神永不过时。从辽宁省团校和沈阳电力学校再到后来两校合并建立的沈阳工程学院，在长期的办学过程中，学校始终秉承"用雷锋精神立德树人"的育人理念，在师德建设中引入雷锋精神、在思政教育中彰显雷锋精神、在学生思想中弘扬雷锋精神、在教育实践中践行雷锋精神，推动学校立德树人取得扎实成效。今天，当我们回溯历史，应该为助推学习雷锋活动从抚顺走向全国的我们的校友而感到自豪，更应该为之而备受鼓舞，倍加努力。

为党育人
电力筑基

——记参建中国电力坚强电网第一条筋骨 "506"工程的学校师生

新中国成立之初百业待兴、人才匮乏，经济发展，电力先行。1953年，中国电力建设史上第一次万人大会战拉开序幕，我国自行设计施工的首条220千伏超高压线路代号"506"的松东李工程破土动工，标志着中国电力坚强电网的第一条筋骨开始创建。学校前身之一东北电业管理局技工学校的创建，正是源于新中国成立之初东北工业对电力技术人才的急需和"506"工程对电力建设专业人才的急需而创建，东北电业管理局技工学校是"506"工程万人参建队伍中唯一一所在校师生参建的电力学校，作为培养电力先行官的一所学校，70余年来学校持守初心忠诚于党的教育事业，培养出的10万余名电力学子光耀电网，奋战在国家能源全域，为大国能源电力的崛起输送了力量。

经济发展电力先行，解锁"506"工程代号

"506"工程是新中国成立之初的第一个五年计划实施中，我国自行设计施工的首条220千伏超高压线路，1953年8月开工，1954年1月正式竣工，标志着我国超高压线路设计施工能力达到世界先进水平。这条超高压输电线路起自吉林省中部松花江畔的丰满水电站，沿沈吉铁路一路南下至辽宁省抚顺市西南李石寨一次变电站止，全长369.25公里，新建铁塔

919 基，被列为我国"一五"时期 156 项重点工程之一，出于保密等诸多原因考虑，中央授予工程代号为"506"。

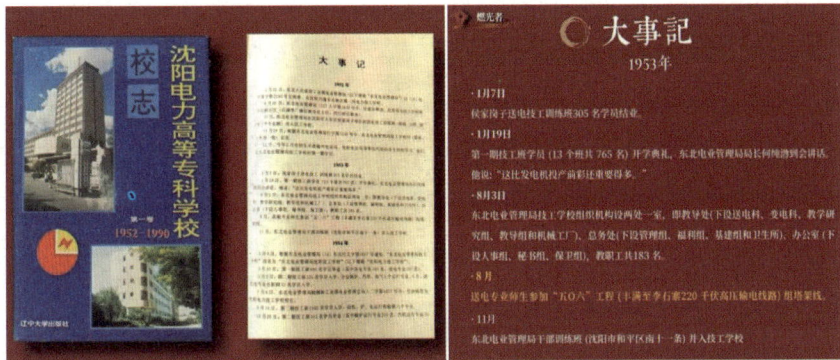

◎ 校志大事记中记载师生参建"506"工程

能源保供国之大者，中国电建起于东北

"506"工程是国家领导人直接关注的第一个输电线路工程。1950年，为了避免受朝鲜战争影响，以毛泽东为领导的党中央高瞻远瞩，积谷防饥，果断作出决策，以当时刚刚新装两台机组的吉林丰满电站为电源，由我国自行设计施工建设一条 220 千伏超高压输电线路，从吉林送电来保障辽宁广大工业地区的生产和人民生活用电，"506"工程建设计划正式启动。1952年6月23日下午，正如毛泽东所料，美军突然集结了500多架战斗轰炸机对朝鲜北方 11 个发电站发动袭击，其中 275 架各型战斗轰炸机对水丰水电站进行了长达 1 个小时的疯狂轰炸。水丰水电站位于鸭绿江干流下游，由中朝两国联合建设，地位和功能极为重要，它供给着整个朝鲜的用电和我国辽宁省的用电，其一侧在朝鲜，另一侧在中国，是当时世界上四个大型水力发电站之一。受损后的水丰水电站发电能力大受影响，但由于毛泽东和党中央在前期已做好了水丰电站受损后的应对措施，丰满电站

新装两台机组，并速建丰满—李石寨 220 千伏超高压输电线路，使得东北地区度过了缺电的危机。如今这条见证新中国电力建设史的超高压线路依然在坚挺地输电，"506"工程是中国电力建设史上建成的坚强电网的第一条筋骨。

燃光者

回忆：新中国第一次电力建设万人大会战

代号"506"

先行官

这是1955年国家发行的第12枚特种邮票，也是第一张电网邮票。纪念的是中国电力建设史上的"首场战役"。刻画在邮票上的这基铁塔，如今依然耸立在吉林丰满水电站的西岸。

国家经济发展，电力先行，506工程是我国第一条自主设计施工的220千伏输变电线路，参战人员被誉为电力先行官。

◎ "506"工程历史资料

电力筑基东北首创，电力英才奔赴长春

1952 年 5 月 23 日，东北人民政府正式批准组建东北地区第一所电力技工学校——东北电业管理局技工学校，这是沈阳工程学院的前身之一。当时一批心系祖国电力事业的创业者，从四面八方应召云集沈阳，在一片荒郊原野上，用青春和热血，开始了艰苦的建校劳动。经过近一年的努力，

学校迎来了第一批正式学员，经过学习培训，1953年8月300余名送电、铁塔专业在校生在老师们的带领下奔赴长春，参加"506"工程组塔架线工作。这是新中国成立后东北地区培养出的最早的一批电力技术专门人才，当时他们是十七八岁的青年，边学习边参加"506"工程建设，历经6个月零8天的紧张施工，1954年1月23日工程正式竣工，按国家计划工期提前67天胜利完成任务，并于同年1月26日正式并网输电。当时，苏联《真理报》在显著位置对"506"工程作了报道。强大的电力不仅供应沈阳、鞍山、抚顺、本溪等重工业地区，还进一步增强了东北电力网安全供电的可靠性与稳定性。经过"506"工程建设的锻炼，东北电业管理局技工学校参建学生迅速成长为技术骨干，毕业后输送到全国的送变电工程公司，成为新中国电力基础建设的第一批中坚力量，也成为培养电力技术人才的摇篮。

教学实践学用在一线，技术报国全力破难关

参建国家能源保障"506"工程的伟大实践孕育出沈阳工程学院技术报国的红色基因，2023年是"506"工程建设开工70周年，"506"工程开启了我国电网自行设计施工的"新起点"，是铸就我国电网从追赶到超越，再到领跑的"奠基石"，中国在送电领域由此进入世界领先行列，是新中国电力史上具有里程碑意义的工程。全校师生怀着建设祖国、保障能源安全的热诚和决心，集结到长春，投身到这场电力建设万人"大会战"当中。作为初代电网建设者中最年轻的力量，不畏艰难困苦，众志成城、齐心协力，满怀对党的忠诚、对祖国的热爱、对电力事业的执着，刻苦学习技术，勇于钻研破解技术难题，全力以赴完成施工任务。这是沈阳工程学院"红心向党、技术报国"红色基因的源头。

电力先行官，电建传承人

时隔 70 年，"506"工程参建者尚健在的已经仅有几位，沈阳工程学院参建"506"工程的首届毕业校友夏欣，作为"506"工程亲历者成为"506"工程承建单位国网吉林省送变电公司研究吉送"506"之魂的顾问。《吉林日报》的一篇文章讲述了"传承 67 年的电建精神"，其中写道："当时只有 19 岁的夏欣，作为原沈阳电校的一名学生，有幸被抽调到这场新中国第一次电力建设万人大会战中。他参与了这个铁塔的安装和施工。"在校友们的多方努力下，学校校史馆（档案馆）与国网吉林省送变电工程有限公司取得联系终于找到了校友夏欣，从电话拨出到接通的那几秒钟，过去的 70 年时空实现了完整对接，在电话采访中通过对校名、专业、校址的确认，确定了夏欣校友身份。

2023 年 6 月 26 日，沈阳工程学院挖掘"红心向党、技术报国"红色基因课题组一行四人奔赴长春，到"506"工程建设施工单位国网吉林省送变电公司调研，在国网吉林省送变电公司的帮助下实现了沈阳工程学院校史上见证历史的见面，我们终于见到了"506"工程的亲历者、吉送"506"之魂传承人老校友夏欣。

如今的夏欣，年逾八旬，历经在电力建设一线的打磨和锻炼，身体依然硬朗，思路清晰。时隔 70 年后，在母校带给他的《校门穿越时空长卷》画轴上认出了 1952 年的老校门，在学校为他印制的《燃光者之电力先行官》画册的老照片里找到当年上学时的教学楼、宿舍。他深情回忆了 1952 年作为第一期学生进入母校长江街校区学习的情景，回忆起最美好的学生时代和青春时光。他回忆起在校期间和数百名老师、同学一起奔赴"506"工程，成为新中国第一代电力建设者的经历，他说道，建设松东李线的时候，机械化程度还不高，从挖坑、打基础到组塔、放线，都是靠人力。常用的是 9 米的木头抱杆、外拉线进行施工。放线的时候要么由一队一队的人扛，要么就用牛拉。汽车很多时候只能将塔材运到山下，再由人向山上扛。那时也没有搅拌机，全靠人工搅拌，当年施工赶上冬天，山高、雪深、风大，特别冷！他们每次上塔都是一身白霜，上去以后手就冻麻了，只能用手使劲拍角钢，等手恢复知觉后再开始作业。每天最少要在塔上干8个小时，什么时候天黑看不见了才会收工，为的就是能够早一天完成任务。那个时候他们忘我地劳动，发扬主人翁精神，为的就是将丰满发电厂的电输送到东北，特别是辽宁的重工业基地，发挥"电力先行官"的作用。经过连续奋战，终于将充足的电能从丰满水电站输送到沈阳、鞍山、抚顺等重工业地区。

回忆：新中国第一次电力建设万人大会战

· 1953年7月，代号"506"的松东李工程破土动工，这是我国第一条自主设计施工的220千伏输变电线路，标志着我国超高压线路设计施工能力达到世界先进水平。
· 当时只有19岁的夏欣，作为原沈阳电校的一名学生（1952年建校首届学生），在老师的带领下与原沈阳电校的铁塔班和架线班的数百名同学，一起被抽调到这场新中国第一次电力建设万人大会战中，参与铁塔安装、施工和线路架设。

◎ 2019年夏欣接受《吉林日报》参建"506"工程采访资料

方鸿志副书记带队去长春看望夏欣老校友时，他说毕业时他本可以留校任教，但由于对参建"506"工程对他产生的深刻的影响，他毅然选择奔赴长春，回到"506"工程建设单位吉林送变电公司工作，在电力建设一线奉献青春和智慧。

课题组长春调研之行又一个惊喜是在吉林省送变电工程有限公司党建部的帮助下找到了另一位"506"工程的亲历者，也是首届校友王庚申老先生。王庚申校友身上有着与新中国电力发展有关的三个"第一"：他是新中国成立后建立的东北第一所全日制电力技工学校即沈阳工程学院的前身之一、1952年创建的东北电业管理局技工学校第一期学员，是学校的第一届毕业生；他是1953年作为在校生与老师同学一起参加了代号"506"的松东李工程建设，他是老师问谁第一个爬铁塔，就第一个带头爬上铁塔挂绝缘串的学生，他是中国第一条自主设计施工的220千伏输变电线路建设的参建者和见证者；王庚申校友参加了1959年庆祝新中国成立十周年大庆，国务院组织各部委在京举办十大展览，电力部选择"506"工程参展，"506"工程选的就是王庚申校友作为电力展馆的负责人，展览工作情况由王庚申亲自向水利电力部部长傅作义进行汇报。

年逾八旬的王庚申校友身体康健，在仔细观看母校为他定制的画轴和老照片时，他深情回忆起"506"工程出发前，班主任刘起老师找到他，像家长对要出远门的亲人那样，对王庚申说："你是一班的班长，一定要切实地负起责任，带领同学，虚心向工人师傅学习，不但要学好技术，更要特别注意学习工人师傅们的好思想、好作风，希望你们在工程竣工返校时，在各方面都有显著的进步和提高。"因为王庚申在电校一直参与学校的宣传工作，负责全校宣传工作并兼管一些文字书写任务的邓克金老师，跟他常有交往。在王庚申临赴"506"工程现场时，邓克金老师也特意找王庚申，和他有过一次意味深长的谈话，他说："你不但会画画，写美术字，你文笔也不错，继续努力，说不定将来能成为一名作家。施工现场会有许多生动感人的人物和事情出现，你要注意积累素材，将来会有用。"王庚申说，感谢母校老师对他的培养，他的艺术字就是邓克金老师给他的书让他练的，后来他才知道这书不是学校的，是邓克金老师看他有这方面的天赋，悄悄用自己的钱给他买的，师恩难忘，正是老师的引领和鼓励为他开启了人生的新篇章。

王庚申校友欣闻母校在作挖掘"红心向党、技术报国"红色基因研究，以自己的艺术字手写 28 页参建"506"工程回忆文章《苦中有甜又有乐的事》，表达他心向母校的赤子情怀。

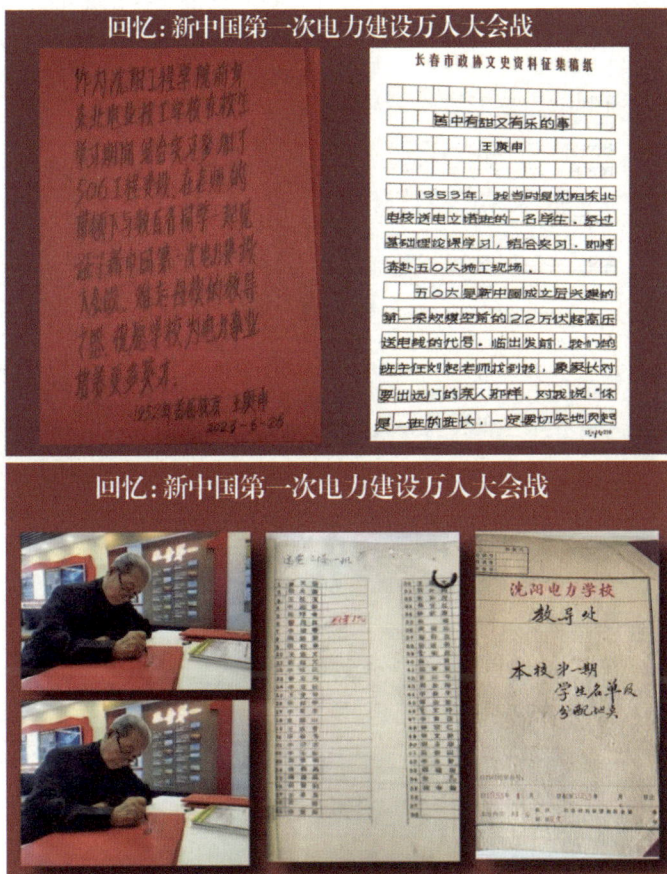

◎ 2023 年王庚申校友为母校书写"506"工程回忆录

伟大实践孕育伟大精神，伟大精神成就伟大实践

沈阳工程学院参建"506"工程时的学生大部分是十几岁的青年，在新中国首次电力建设"大会战"当中迅速学习成长起来，他们心怀报效祖国的赤子情怀，与其他参建人员一起风餐露宿，吃苦耐劳，爬冰卧雪，勇攻技术难题，忠诚于党忠诚于人民，攻坚克难苦练技术，挑战极限意志顽强，恪尽职守奉献光明，为后辈留下了弥足珍贵的精神血脉。

经济发展，电力先行，电力先行官是毛泽东最早提出来的。东北电业管理局技工学校是新中国第一个五年计划为培养电力人才建设而成立的东北第一家全日制电力技工学校，参与了重点建设工程之一的220千伏松东李输电线路"506"工程中的建设，成为新中国电力建设的先行官。"506"工程竣工后，参建"506"工程的学生逐渐成长为电力建设技术骨干，根据我国电力事业的发展需要，他们先后奔赴全国，分配到各省、区的送变电专业队伍中，成为国家大规模电网建设的电力专业人才。沈阳工程学院始终在大国能源电力发展中持守初心，在培养电力技术人才的教育报国路上深耕不辍，培养学生的专业从电网建设、火力发电到风光核储等能源全域，成为为党培养电力应用人才的电力筑基学校，成为培养电力先行官的摇篮。

倾尽一身技艺
注情实习教学

——记全国电业先进生产者李栋山

李栋山

（1913—1990）

———

　　男，中共党员。原钳工实习场主任、钳工技师。1954 年 6 月，从抚顺发电厂调来东北电业管理局沈阳电力技工学校。在实习教学工作中，李栋山积极钻研、团结群众，克服困难，不断改进教学设备工具与教学方法，被评为沈阳电力工人技术学校一等优秀教师。1956 年被评为全国电业先进生产者、全国先进生产者，参加了全国群英会，两次受到毛泽东、刘少奇、周恩来、朱德、邓小平等中央领导的接见。

———

　　李栋山如实习教学岗位上的一颗螺丝钉，从对教学工作的严格要求到对教学工具设备的研究改进，从带领学生进行实际操作到对学生学习生活的细致关怀，李栋山一步一个脚印地"钉"守在实习教学岗位上。

创建"文备""武备"，严把教学关口

　　备课与教学是提高学生培养质量的关键环节，对于教学，李栋山开创

了一套独具特色、行之有效的实习教学备课方法。来校前，李栋山已从事钳工工作30余年，有着丰富的实践经验。来校后，李栋山忠诚于党的教育事业，刻苦钻研教学业务，积极开展教学研究活动，团结组内实习教师，热心组织集体备课和观摩教学活动，出色地完成了钳工教学任务。为了保证教学效果和教学质量，他经常组织教师们集体备课，反复琢磨教学内容，要求教学姿势和教学

© 李栋山

动作都要统一，积极鼓励教师们相互学习、交流经验，共同提高教学质量。他对自己和教研组的教师要求十分严格，还形成了一套特色鲜明的备课方法。李栋山要求上课前要通过"武备"和"文备"两个步骤来准备课程内容。"武备"是指根据实习卡片要求，如铲、锉、研、磨、刮、锯、割、钻孔、套丝等基本实习项目，以及四方套、划规、内外卡钳等工件，任课教师自己实际制作一个；"文备"是根据自己对教学内容的实际体会，再考虑工件的工序、操作顺序、操作方法、注意事项及工时定额等，对其进行系统的整理并写成授课计划。课前的"武备"和"文备"还不够，教师们还要在正式上课前进行试教。李栋山组织领导钳工教研组，拟定季度备课计划，对教师的试讲进行评议，相互观摩学习，特别对青年教师更是耐心指导，帮助实习教师共同进步。在李栋山特有的教学方法指导下，青年教师的教学能力与教学质量得到迅速提高。

积极钻研创新，改进设备工具

李栋山不仅在教学上探索出一套具有实习教学特色的备课标准要求，

还不断对教学工具进行改进完善，不但提高了实习设备的使用率，还大幅降低了教学物资的消耗。李栋山担任汽机检修组副组长时，了解到实习设备匮乏不能满足学生的实习要求的情况，积极整修残旧设备，边搬运边安装，边修理边实习，既对旧有设备进行了改装，又解决了实习设备不足的问题，显著提高了实习质量。李栋山还在教学中对教学工具的使用以及工具的损耗情况进行细致分析。根据实习虎钳的损坏情况，提出改进虎钳结构，大大提高了教学设备的使用效率，使得虎钳由原来平均重击 164 小时即损坏，提高为重击 400 小时仍未损坏，仅此一项，每年即可节约实习费5700 余元。

◎ 李栋山的工作学习笔记

教学严谨认真，关爱细致入微

　　李栋山在教学上严谨认真，对学生严格要求，确保学生对技术的扎实掌握；在生活上，对学生关爱有加，帮助学生克服学业与生活中的困难。李栋山在教学过程中始终坚持精、准、严，边讲边示范，将实习技术讲明讲透，确保规范动作准确到位，严格把控学生的实习技术是否熟练规范，要求学生手的姿势要正确，眼睛要看准，思想要集中，不仅要掌握技能，而且能够熟练应用。李栋山的精、准、严标准不仅是为了达到教学效果，更是出于对学生的关心和爱护。学生面向社会要从事技术工作，一旦动作不熟不准很容易造成损伤，为了避免学生在以后工作中受伤，李栋山经常手把手教学生姿势动作，始终为学生的学习、工作负责。李栋山不仅在实习教学中取得丰硕成果，在对学生的思想培育方面也取得诸多成果。他爱护青年学生，在实习中进行思想教育，让学生安心学习，特别是对成绩不好的同学，他会给予更多关注和指导，帮助他们提高成绩，消除了不及格现象。基于李栋山在课程教授、青年教师培养、学生实习指导、改进设备工具、改善教学方法、关心爱护学生等方面作出的突出贡献，1956 年 5 月他被评为全国电业先进生产者，1956 年 6 月被评为全国先进生产者，也是全国唯一一个电力行业入围此奖项的人，参加了全国群英会，两次受到中央领导的接见。

　　崇尚劳动、热爱劳动、辛勤劳动、诚实劳动的劳动精神，在李栋山身上得到了全面展现。作为新中国成立之初就加入中国共产党的老党员，李栋山用一生践行着对教育事业的潜心奉献，对教育工作的深沉热爱，始终坚守为党育人、为国育才。从进入沈阳电力工人技术学校的第一天开始，李栋山就爱上了这一工作。他想：要是能把自己的技术全部教给年轻一代，

◎ 毛泽东和中共中央政治局委员接见出席全国电业工业先进生产者代表会议合影（李栋山在其中）

让他们很好地参加社会主义建设，对祖国的贡献也就包含着自己的一份力量。这一先进思想成为他的教育事业心和工作责任感的力量源泉。他积极主动地把自己几十年的技术知识、经验积累融入实习教学、技工培训事业中，坚守教育岗位，敢于突破创新，忠于职守，兢兢业业，在实习教学岗位上取得丰硕成果。

© 李栋山荣获全国电业先进生产者奖状

李栋山将自己的光和热都奉献给了实习教学，献给了他所热爱的学校和学生们，为学校应用型人才的培养奠定了扎实基础。而今，实习教室已由平房搬进了实训大楼，昔日的设备不足、条件简陋早已旧貌换新颜，但注重实践、追求技术卓越的传统却在一代代沈工程学子的身上传延至今。

2023 年 7 月 17 日，李栋山之子李丹老师，向学校捐赠其父李栋山获得的中华人民共和国电力工业部奖给全国电业先进生产者的奖状原件、毛泽东等中央领导接见出席全国电力工业先进生产者代表会议代表合影原件。学校向李丹老师表达了衷心感谢，并颁发了捐赠证书。这两份珍贵的历史原件将永久收藏在学校校史馆、档案馆，妥善保管，以利传承。

第 三 部 分

扎根电力
改革创新

九月十七日电悉。庆祝你们在透平发电机安装工作中获得的成就。望继续努力学习苏联先进经验，发扬积极性，在今后的建设工作中取得更大的成绩。

——1952 年 9 月 21 日，毛泽东给阜新发电厂工程队全体职工的嘉勉电

要持续营造尊重劳动、尊重知识、尊重人才、尊重创造的社会氛围，大力弘扬科学家精神，激励广大科研人员志存高远、爱国奉献、矢志创新。……希望广大科技工作者自觉把学术追求融入建设科技强国的伟大事业，锐意进取、追求卓越，创造出无愧时代、不负人民的新业绩！

——2024 年 6 月 24 日，习近平在全国科技大会、国家科学技术奖励大会、两院院士大会上的讲话

为国育才
燃光致远

——记我校学生参加我国第一座超百万发电厂的建设和运行

20 世纪 80 年代，我国第一座超百万发电厂清河电厂投产发电，这座超百万发电厂的建设和运行中有着沈阳工程学院学子赤诚报国的青春、无私奉献的热血和担当。沈阳工程学院 70 余年的办学历程正是与大国电力的崛起同行同向，对沈阳工程学院学子整建制参与的国家电力重大项目历史记录、经验总结、精神阐释，是电力能源院校心系"国之大者"、牢记使命担当、坚持人民至上、接续艰苦奋斗，践行忠诚担当、求实创新、追求卓越、奉献光明的电力精神生动的集体展示。

回顾历史，以利传承。煤电在中国电力发展中发挥着重要作用。新中国成立以来，煤电的发展有力地支撑了中国经济的崛起。20 世纪 60 年代，国家对电力的需求日益高涨。为缓解电网严重缺电局面，经国家计委和水利电力部批准，决定在清河区境内立项建立清河发电厂。1970 年 12 月 31 日，第一台 100 兆瓦机组投产发电，到 1984 年经四期扩建，全厂 9 台机组装机容量达到 1300 兆瓦，成为当时我国最大的火力发电厂，也是第一座超百万发电厂。沈阳工程学院学子是这座超百万发电厂的建设和运行者中的中坚力量。

国以诚验我学子，有召必应沈工人

沈阳工程学院学生作为最年轻的电力技术人才参加了我国自行设计安

装的第一座超百万千瓦容量的特大型火力发电厂清河电厂的建设和运行。1973 年，沈阳工程学院发 721 班师生参加清河 "211" 工程会战。1975 年，整建制 9 个班级去清河电厂参加 "211" 工程会战。"211" 工程是指清河地下发电厂即 "211" 分厂建设，因工程代号 "211" 项目而得名，是全国唯一安装 100 兆瓦发电机组的地下备战电厂。1965 年，在紧张的国际形势下，根据中共中央、中央军委和国务院关于加强战备、巩固国防的战略部署，按照 "备战、备荒、为人民" "要准备打仗" 的要求和 "靠山、分散、隐蔽" 的原则，将建设清河电厂工程加入了进洞项目。地下电厂从 1966年 8 月 29 正式动工到 1975 年末投产发电，工期共 9 年 3 个月。地下电厂作为备战电厂，地下机组隐蔽安全，具备不被常规武器破坏的优势；直流冷却系统运行经济。即使遇到战争或水位降至死水位时，也能保证月满发电 40 万千瓦。

◎ 20 世纪 80 年代清河电厂全貌

1974年，沈阳工程学院1972级（1974届）发721班、炉721班、机721班共115名毕业生响应国家政策、听从党的召唤，整班建制分配到清河电厂工作，开启了他们艰苦卓绝的工作历程，成为点亮和守护万家灯火的燃光者，开启了他们建设祖国、奉献社会的光荣使命。

当时他们同住在山脚下未竣工的建筑里，睡着临时搭建的大通铺。工作时，他们虚心学习，尊师敬老，吃苦耐劳，兢兢业业，努力掌握技能。这批学生是时代的幸运儿。当时厂里除了从一些老厂调来的骨干外，还有新分配的十来个大学生，再就是从农村抽调上来的300多名知识青年。而这115名电校毕业生，他们有专业知识，是厂里最年轻的职工，抱有投身百万电厂建设的美好理想，他们的到来，给清河电厂注入了新鲜血液，改变了电厂职工队伍的知识结构和年龄结构；他们的到来，犹如一股春风，给清河电厂带来了生机与希望。他们在二三年内均成为各自岗位上的骨干，成为建厂初期最受欢迎的一支生力军。

电光石火逐风日，擎起电力猎猎帜

1972年，充满青春活力的300余名学生相聚在沈阳电力学校，当年他们只有十七八岁，在当时举国中学毕业生"上山下乡"的特定年代，能在校园生活学习，是令同龄人羡慕的事。1972级校友生源优秀特殊，是在邓小平主抓教育的情况下，培养社会急需人才，沈阳市在市内各个中学选拔排名最前的学生进入到当时沈阳的4所中专院校，沈阳电力学校是4所院校之一。1972级这些幸运的优秀生源学生进入了沈阳电校，由于他们在中学就是好学生，是同学中佼佼者，普遍具有刻苦学习的品质、较强的组织能力和表达能力，这是他们日后成长

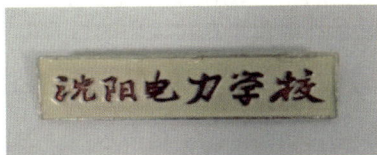
◎ 炉721班郑福盛收藏的校徽

成才基础因素。入校后他们特别珍惜学习机会，刻苦努力，政治思想觉悟高，这届学生中涌现出了国家电投董事长王炳华、国家电网公司副总经理郑宝森等优秀校友，据不完全统计，这届毕业生仅在能源系统内担任正处级以上领导的就达100余人，他们中很多人是在清河电厂工作中发展和成长起来的，后来逐渐成为能源系统各领域的领军人物。

严以治校树学风，润物无声育人才

多年来，沈阳工程学院以党风带教风，以教风促学风，形成了"勤奋、严谨、创新、报国"的良好学风。优良学风是一种无形的力量，置身其中会受到潜移默化的感染和熏陶，使人终身受益。由于电力行业的安全等级要求，沈阳工程学院实行半军事化管理，从学生在校的学习、行为、生活习惯入手，从严管理，培养严谨的职业习惯。1972级校友共同的记忆就是学校的学风严谨，班主任老师如同家长般的陪伴和严格管理，发721班主任梁桂岩老师更是同学们回忆中常常提起的严爱相继的典范教师。当年他们随着嘹亮的号声起床出早操、到食堂排队吃早饭，唱着激昂的歌曲进教室刻苦学习认真上课；中午，下课铃声将他们带到食堂吃午饭、到寝室午睡；下午，又是铃响集合、排队唱歌，到教室学习；最幸福的是之后的自由活动时间，或在操场运动或在教室放歌或在图书馆阅览或在水房洗漱；晚上，随着熄灯号进入梦乡。同时为了备战，他们满怀爱国情怀深夜到北陵公园参加野外训练，勤奋、严谨、创新、报国的基因深植在他们的内心。

1974年2月，完成了在校两年的学业后，这115名同学无怨无悔地奔赴条件艰苦正在建设中的百万电厂清河电厂的建设一线。王炳华校友在回忆母校时说："在沈阳电校学习的两年非常愉快，半军事化管理严格，的的确确让我们学到了很多东西，为日后每个人的成长和发展打下了良好的基础。一声令下，我们整建制的机炉电3个班100余人就业全都到了清河电

◎ 参建清河电厂师生合影

厂，当年清河电厂那是亚洲最大的燃煤电厂，而且这平台很大，成就了很多人。"校友炉721班班长陈建明回忆在清河电厂工作时说："我们这批学生，毕业集体奔赴电厂建设艰苦的一线，我们情系清河电厂，因为这里是我们步入社会的第一个舞台，是我们为国为民奉献的处女地，是我们成长成熟的摇篮。我们情系清河电厂，因为这里留下了我们的汗水与心血，留下了我们的青春和梦，写下了我们对电力事业的热爱与忠诚。"据悉，有4名沈阳工程学院校友在清河电厂的建设运行中牺牲，我们不会忘记他们在祖国能源建设中奉献的青春和热血。

时光荏苒，距沈阳工程学院1974届校友奔赴清河电厂工作已经整整过去50个春秋，这些曾经一起学习、一起到清河参加工作的同学，感情深厚，依然彼此牵挂，彼此守望相助，依然作为共和国培养的早期电力专家在各能源领域发挥着重要作用。

采访辽宁清河发电有限责任公司总经理、沈阳工程学院发电专业1997届校友于洋时了解到，辽宁清河发电有限责任公司作为我国自行设计安装的首座超百万千瓦容量火力发电厂，曾是亚洲最大火力发电厂，面对老火电企业逐渐陷入连年亏损的经营困局，公司积极盘活存量资产，通过强化产业融合、全力推动管理创新，自力更生完成了经营扭亏和可持续发展。依托国家多项政策指引，统筹铁岭地区风光资源禀赋，正在全力建设百万千瓦级风光火储多能互补产业大基地，构建了集绿色生态新能源、智慧数字设施、循环经济体系、核电检修服务等多元素于一身的新型电力企业。现在的清河电厂正在全面推进风光火储一体化能源基地建设，为辽宁清洁能源强省建设提供支撑，为辽宁清洁能源强省建设贡献着清河电厂的智慧和力量！

© 2024 年蓬勃发展中的辽宁清河发电有限责任公司风光火储全貌图

在我国自行设计安装的第一座超百万千瓦容量的特大型火力发电厂的工作和实践中，沈阳工程学院这批毕业生刻苦钻研业务，勤学不息，不断创新，迅速成为骨干力量，他们牢记使命担当、坚持人民至上、艰苦奋斗、技术报国、追求卓越、奉献光明，是红色电力精神生动的集体展示，中国电力史记得，母校记得：

> 九登山青曾记当年，国以赤诚验我学子。
>
> 电光石火追风逐日，誓要擎起猎猎旗帜。
>
> 清河水碧曾见经年，有召必应沈工程人。
>
> 青春热血能源强国，电力英歌燃光致远。

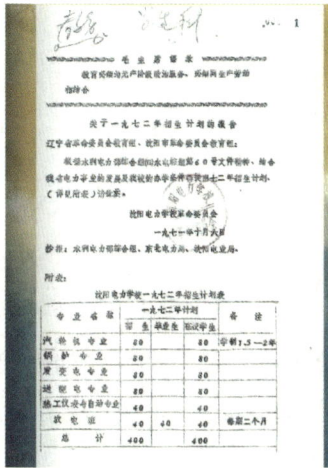

◎ 1974 年毕业生分配清河发电厂名单

潜心科学研究
守护人才成长

——记全国五一劳动奖章获得者史建军

史建军

（1961 年生）

———

男，沈阳电力学校热能动力专业 1981 届毕业生。曾任国家电投东北电力有限公司首席专家，荣获中国电力科学技术进步一等奖、国家科学技术进步二等奖、全国企业信息工作优秀领导人、全国五一劳动奖章等荣誉。

———

史建军深耕于电力行业，一面潜心进行科学研究，多项科研成果推进行业技术进步；一面精心守护人才成长，带领学生掌握专业技能，开拓知识领域，为沈阳工程学院应用型人才培养作出突出贡献。

科研成果卓著，团队建设精良

在科研领域，史建军涉足广泛，从火电厂运行、检修、设计、企业管理到新能源技术领域，各项科研技术都达到了较高水平，特别是在锅炉燃烧技术研究中取得重要成果，600 兆瓦褐煤锅炉等离子点火及稳燃技术、超细化煤粉再燃低 NOx 燃烧技术、褐煤旋流燃烧器改进设计等工作为国内褐煤燃烧技术的提高作出了积极贡献。在燃煤研究方面，史建军参加了国家"863"项目"燃煤锅炉复合分级超低NOx排放燃烧技术研究""1000兆瓦超超临界褐煤锅炉关键技术研究"的研究工作及"超细化煤粉再燃低NOx燃烧技术研究"的研究与实施；在科学项目方面，他主持了国家科技项目"沈阳电专600兆瓦机组仿真机项目"调试及项目验收工作等。

史建军在进行科学研究同时，还高度重视高校和企业科研团队建设，着眼于能源电力行业未来可能面临的技术难题做科学研究储备，规划顶层设计，组建生物质气化燃烧团队和智慧供热团队，前者聚焦提高生物质碳转化率和防止结渣问题，后者重点研究零碳建筑综合能源利用技术和楼宇智慧供热解决方案。在打造科研团队过程中，史建军坚持以问题为导向，以项目为纽带进行科研团队建设。他带领团队深入调研能源电力企业重大需求，根据企业亟待解决的技术难题展开国家级、省级、市级科研项目立项，校企合作项目联合攻关，以此来锻炼、打造科研人才队伍。近几

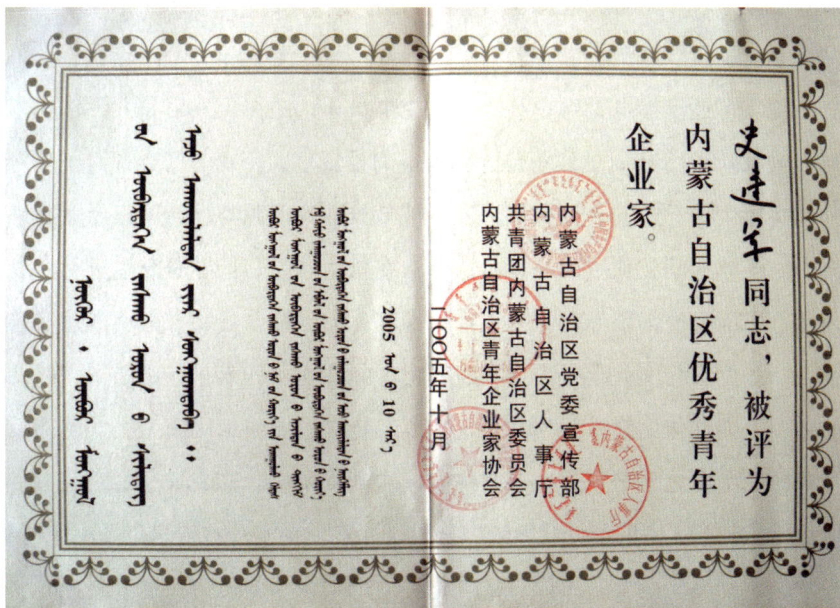

◎ 史建军荣获优秀青年企业家称号

年来，团队成员 100% 参与科研课题研究，获国家自然科学基金青年项目 1 项、辽宁省科技厅自然科学基金项目 3 项、辽宁省教育厅项目 6 项、沈阳市科技局项目 4 项、校企合作项目近 10 项。在史建军带领下，团队成员通过课题、项目的锻炼，大大提升了自身的专业内涵和科学素养。其中，基于生物质燃烧结渣特性研究课题，团队培养青年教师取得硕士学位。

◎ 史建军荣获国家科学技术进步奖

关注人才成长，提高培养质量

史建军不仅在电力行业科研领域成果卓著，还在人才培养方面作出了突出贡献。2013 年，史建军作为国家电力投资集团公司与辽宁省人民政府共建沈阳工程学院的企业方执行人，被学校聘为能源与动力工程专业客座教授。任职期间，他履职尽责，认真给在校生授课、指导研究生进行课题研究，以前瞻性的眼界为研究生规划课题方向、设计实验方案、搭建实验平台、深度参与实验全过程。史建军考虑到新能源的未来应用前景，以此开辟"氢能催化生物质与煤耦合气化、燃烧"领域作为沈阳工程学院能动专业研究生课题，带领学生从生物质气化基础研究、管式炉小试实验、一维炉中试实验，一步步引导学生进行科研探索。在实验室带学生做测试时，经常会遇到恶劣的实验条件，如气化炉内烟气会因为压力问题泄漏到实验室、一维炉管道常因焦油和结渣问题造成堵塞，史建军始终坚持与学生一道共同解决烟气泄漏、清理管道等问题，工作到深夜更是常有的事。在教学过程中，他完全没有专家的架子，深受学生的尊敬与喜爱，研究生们在实验上遇到不能破解的难题时，都会第一时间把史建军老师请到现场来指导。在史建军的精心教育下，研究生的培养质量得到显著提高。目前，已有四届研究生顺利毕业，他们中有的实验结果得到同行专家的认可，有的获得优秀硕士论文，有的毕业后凭借扎实的专业素质应聘到国家电网、能源电力企业等单位，实现了高质量就业。

推进校企合作，服务社会发展

2016 年，史建军被学校聘为能源与动力学院兼职企业副院长，凭着他深厚的专业功底、一丝不苟的工作态度、全心全意干事业的作风为学校建设、企业振兴、社会发展作出了重要贡献。史建军十分重视校企联合服务社会工作，紧扣服务地方经济社会发展主题，充分利用校企合作平台，联合力量进行技术攻关，积极为地方经济社会发展服务，创造了较好的社会效益。2016 年至今，史建军带领校企科研团队扎根在生产一线为包括阜新电厂、抚顺热电厂、辽宁绿源能源环保科技集团、沈阳泰科流体控制有限公司在内的多家能源电力企业提供技术服务，帮助企业解决诸如锅炉故障问题、稳定发电问题、管网优化运行问题、新能源高效利用问题等，助力企业进行科技储备，为企业服务地方经济、服务民生提供技术支撑。为了更好地提升校企协同服务社会的能力，史建军牵头成立沈阳工程学院—国家电站燃烧工程技术研究中心研究生工作站基地。他紧密结合"双碳"国家目标，立足新发展阶段，贯彻新发展理念，构建新发展格局，把碳达峰、碳中和纳入校企共建研究生工作站基地建设发展全局，创造性地开辟三条未来基地研究方向：零碳建筑智慧供热研究、氢能高效利用技术研究、生物质掺烧特性研究。这些研究方向将为校企合作提供更高层次的平台，为社会经济发展提供更强有力的技术支持。

　　史建军始终聚焦企业生产一线，置身母校课堂与实验室，专注于服务社会发展，真正将科研成果写在了广袤的大地上。他从未停下脚步，将产学研相结合，坚持不懈、久久为功，将科研成果嵌入生产过程，为企业发展破解难题；针对技术问题进行集中研究，为科技进步突破瓶颈；紧抓"双碳"目标，为人才培养指引方向。守住服务人民初心，担当科技强国使命，这是史建军几十年如一日的工作写照，他的责任与担当精神是沈工程学子们的学习榜样，他的坚守与执着将持续激励沈工程的学子们。

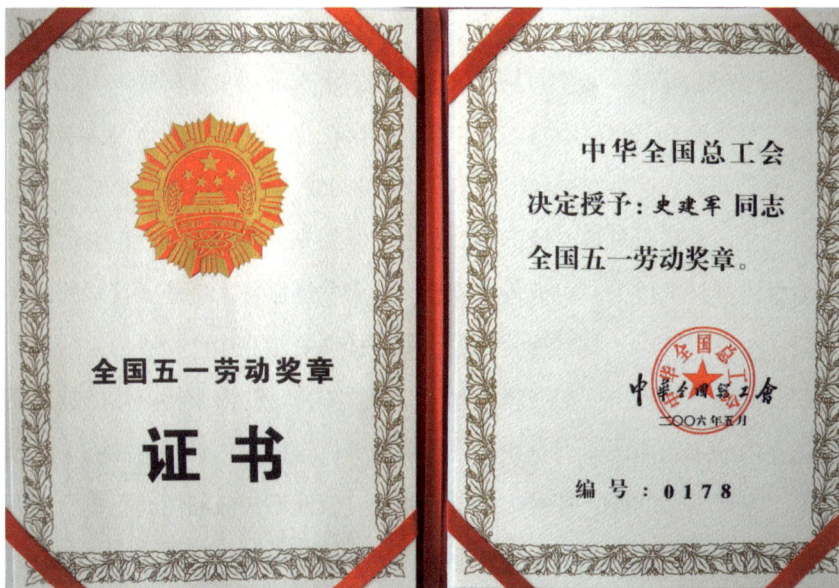

◎ 史建军荣获全国五一劳动奖章

虚拟仿真教学
筑牢电力安全

——记中电教协首批仿真培训基地沈阳工程学院仿真中心

沈阳工程学院能源与动力学院仿真中心是中国第一台 200 兆瓦和 600 兆瓦火电机组仿真机的诞生地。仿真中心电力行业仿真培训以辽宁省辐射全国，是中国电力教育协会电力仿真培训委员会首批仿真培训基地。

20 世纪 70 年代中期，根据国家发展战略，为满足国内电力需求，我国电力工业较大规模从西方发达国家引进了若干大型火电机组。如何安全稳定运行、如何掌握这些新型机组运行技术等问题摆在了所有人面前，在国内开展理论研究和派人到国外去培训的同时，国家也在考虑如何发展中国自己的发电企业仿真技术。

强强联合，填补空白

当时我国的仿真技术基本为空白，在国家总的战略需求下，国家水电部拟建设电力仿真系统。作为东北地区首个技工学校，当时隶属于国家水电部的沈阳电力学校（学校前身之一）自然承担起了这项重任。1984 年，以东北电管局牵头，沈阳电力学校与清华大学组建了"200 兆瓦火电机组仿真机"研发工作组，沈阳电力学校任组长单位，清华大学任副组长单位，共同开发 200 兆瓦火电机组的仿真机。学校的科研科（仿真中心前身）的技术人员与清华大学共同研究开发出了中国第一台全工况、全范围1∶1实时仿真机,这是中国自己成功研制和最早开发的实用性的火电仿真机,沈阳电力学校也成为我国最早开展仿真机研发工作的单位之一,由此在全国电力仿真技术行业声名鹊起。当时的科研科只是一间屋、几个人、厚厚的图纸和满屋的书,后期在学校的支持下采购了计算机及仿真硬件设备等,蔡元宇、周玉初等几人从那时便开始了对仿真技术的探索和研究……

◎ 沈阳电力学校与清华大学共同研发全国第一台200兆瓦火电机组仿真机

1996年,学校与清华大学再次合作开发了国家重点攻关项目、我国第一台600兆瓦亚临界全工况、全范围1∶1实时火电机组仿真机并获得成功,荣获国家"九五"期间"国家科技进步一等奖",并于1998年获得电力工业部科技成果二等奖。

◎ 沈阳电力学校与清华大学共同研发的全国第一台 600 兆瓦火电机组仿真机

　　随着时间的推移，沈阳电力学校历经发展，成为如今的沈阳工程学院，仿真中心也在几代人的接续奋斗、努力拼搏下，取得了长足的发展进步。仿真中心是辽宁省电力仿真控制重点实验室，是辽宁省电力行业仿真控制技术研究、应用开发和运行技术人员仿真培训的基地，也是辽宁省高校重点实验室和辽宁省高校工程技术中心。主要承担火电机组运行技能培训及技能鉴定、电力行业科学研究和技术开发、支持电力相关企业技术开发与攻关及沈阳工程学院教学、实训等工作。仿真中心是中电联首批认证的全国电力行业火电机组仿真培训基地，具有颁发中国电力企业联合会认可的电力行业仿真培训证书资格。自1988年开展培训以来，仿真中心共为电力企业培训运行人员万余人次，为企业安全生产作出了重要贡献，同时培训电力学生近万人次，成为向电力系统输送人才的摇篮。不论科学研究、人才培养还是服务社会，都离不开"仿真人"对事业的无限热爱与不懈追求，细致、专业、执着、创新……这就是"仿真人"一直以来倡导的"仿真人精神"。

立足技术，抢占先机

20 世纪 80 年代末，学校在与清华大学曾经合作的基础上，抢占电力仿真技术培训的先机。由于出国培训仿真技术费用大、时间长，而且面临技术专利限制等情况，学校"仿真人"思考，如果能实现国内自主培训不仅费用较低，而且能为国家的电业行业尽一份力量。说干就干！中心在技术攻坚、设备调试、人员配备等方面不断完善，在技术研发、科研立项的同时，做好电力行业的人才培训成为当时的工作重心。为做好做实各项工作，保证东北地区并辐射全国的电力人才培训的实用效果，"仿真人"着实付出了很多。

◎ 自主编写的培训教材

建设初期，因为是全国首创，仿真中心在研发方向、培训模式和教学方法等方面都没有可以借鉴的地方，大家只能摸着石头过河。中心研究人员集思广益，研究制定培训方案，开展调研学习与自主学习，自主编写培训教材，找项目、搞科研，当时受仿真中心主任周玉初指派，裴振英、于贵君、郑维平、赵殿瑞等几人深入全国各大电厂进行调查研究，向一线技术人员学习，与专业人员请教沟通，学用新设备、研究新技术，回来后大家集体讨论，确定了教学过程与实际操作完全接轨的培训模式，以达到最佳实用效果。在学校的支持下，出资从国内国外购买了先进设备，仿真设备和计算机等到货那天大家无比兴奋，当时没有吊车、没有电梯，大家就用扁担挑、用手抬，扁担挑断了好几根！大家都达成了共识，设备虽然很重，但肩上的担子更重。

经过起步阶段的努力，仿真中心的培训效果逐步提升，获得了培训企业的一致认可和好评，全国各地的电厂纷至沓来，都派出技术人员来校培训，甚至孟加拉国等电厂的工程技术人员也慕名而来。仿真中心各项培训工作逐步规范起来，面向全国范围电力行业的在校学生做实习培训，面向

◎ 模拟电厂教师指导学生实习

电厂的运行员进行上岗培训等，并作为全国第一批成立的电力行业人才培训基地，获得了电厂运行员的上岗培训资质……中心根据企业需求与特点陆续开办了短期、长期培训班，并与各大电厂签订了培训协议，并实行培训回访制度，到接受培训的企业定期进行回访并开展座谈调研，及时了解培训效果并不断调整改进，使中心获得了社会效益与经济效益双丰收。国家五大发电集团所属发电企业及地方发电企业、国家能源集团辽宁电力有限公司沈西热电厂、国家能源集团康平发电有限公司、华电辽宁能源发展股份有限公司等各大电厂对学校的培训能力都非常认可。"只要在沈阳电力高等专科学校培训过的技术人员，我们用起来心里肯定有底！"简简单单的一句话，却是对仿真中心的高度认可。

技术传承，创新发展

科学技术只有不断创新才具有生命力。随着国内电厂相关技术的不断发展与更新，仿真中心的技术更新已迫在眉睫。1992 年，仿真中心孙力和张刚两位老师带着学习大机组运行技能的艰巨任务，秉承中心"学用相长"的理念，南下到了淮南平圩电厂取经学习，该电厂的机组是当时国内最大单机容量、技术最先进的 600 兆瓦火电机组。为达到最佳学习效果，他们在电厂的支持下深入一线，像技术人员一样与班组倒班工作，四班三倒承担运行任务，工作非常辛苦。为能尽快了解机组、掌握运行技术，他们爬锅炉、查系统、看数据……下班后的休息时间，他们还要去电厂资料室查阅资料，当时还没有复印机，很多资料都是借回边看边学边抄写，学习的过程中每人都记录了十几本厚厚的笔记，手都磨出了茧子。回到学校后，他们毫无保留地把最新技术及时传授给其他老师……再苦再累他们也没有退缩。作为技术骨干，作为共产党员，他们知道，此次学习关系到仿真中心的技术更新，关系到中心的前途命运，也与学校的未来发展息息相关。

随着行业技术的不断更新，很多电厂都进行了软硬件升级改造，以计算机操作集散控制系统（DCS）代替原来的手动操作方式。1998年，锦州电厂和通辽电厂的200兆瓦火电机组都进行了DCS系统的改造，改变了传统的硬手操作模式，升级为全新的人机界面对机组进行控制。面临这种情况，为了更好地满足现场培训的需求，仿真中心决定对200兆瓦火电机组仿真机进行改造升级、开发软件，以软件实现硬件的操作功能，模块化建模、DAS界面软件的使用等。这些工作都是之前从未接触过的，当时张刚负责DAS系统的改造，孙力负责控制系统的改造，曹福毅负责计算机系统的改造，他们通过不断学习研究、查阅资料，反复研究论证，最终使该项目顺利完成。该项目是当时国内第一台进行DCS控制系统改造的仿真机，中心的培训效果也因此提升了档次。

2000年，仿真中心经过研究讨论，根据北京高井电厂100兆瓦机组全面改造升级，创新推出了"定制培训"模式。针对电厂机组开发出和电厂一模一样的仿真机系统，让受培训人员就像自己所在的真正的电厂里操作一样，使他们在培训回厂后能够立即上岗操作运行。这种培训模式受到了高井电厂的热烈欢迎，该厂做出了今后所有运行人员的培训全部由学校仿真中心来进行的决定。后期，仿真中心又先后协助白城、哈平南、霍林河等电厂分别设计开发了660兆瓦超临界机组、350兆瓦超临界机组和600兆瓦亚临界机组仿真机……"定制培训"模式满足了电厂个性化培训需求，进一步降低了误操作事故的发生几率，有效促进了电力企业的安全生产。

"仿真人"正是以这种对工作的热情、对事业的热爱，对新技术孜孜不倦的追求，使仿真中心在技术迭代、日益更新的时代背景下，在电力人才培训的大市场中时刻保持技术领先。

薪火相传，未来可期

2003 年，学校迎来了历史发展的新机遇，逐渐搬迁到新的校区，仿真中心也随之"乔迁新居"。中心坚持"搬家不能影响新学期培训"的原则，想尽各种办法解决迁移中出现的问题，圆满完成了迁移工作，保证了新学期培训工作的如期开展。

新的场地，新的环境，更要有新的作为。搬入新校区的仿真中心在科研开发、人才培养、服务社会等方面齐头并进、硕果累累。团队相继开发了多个科研项目，由李智带领的研发团队为辽宁电科院研究开发的"电站多功能仿真器"获得辽宁省科技进步二等奖；团队为辽宁省阜新电厂研究开发的"电站锅炉燃烧最优化系统"获得沈阳市科技创新奖、沈阳市科技进步二等奖。研究开发的"基于光纤传感技术的电厂凝汽器胶球清洗在线监测装置"应用于沈阳金山能源股份有限公司，使该厂增加发电收益 670 多万元……

科技发展必须依靠人才。仿真中心在人才培养方面认真做好新老传承，继续坚持中心"学用相长"的理念，积极打造双师型教师队伍，与电力企业联合培养教师，让培训教师既懂理论知识，又懂实际操作，既能"动嘴"，又能"上手"。目前，专业教师均取得了电力行业仿真高级培训指导教师的资格证书。在校内学生培训过程中，以技术岗位能力、工程素质、创新能力作为培养重点，将理论与实践相结合，在校学习和进厂实践相结合，取得良好成效，入围中国电力企业联合会"十三五"电力行业人才工作创新案例推广名单。这让很多学生就业进入电厂工作后能立即上手并成为技术骨干，许多老校友多年以后仍对学校的创新培养模式记忆犹新。

◎ 火电机组集控运行大赛

　　仿真中心遵循学校长期坚持的应用型人才培养理念，在学校及能源与动力学院的支持下，自2019年开始，多次主办大学生火电机组集控运行竞赛，多次带领学生参加全国高等院校学生发电机组集控运行技术技能竞赛，取得优异成绩。并与国家能源集团辽宁公司、辽宁省总工会、辽宁省人力资源和社会保障厅、华能东北分公司等单位多次联合开展火电机组集控运行技能竞赛。作为中电教协电力仿真培训专业委员会常务委员和中电联电力行业仿真培训专家，中心的孙力老师多年来担任相关大赛的裁判员、裁判长、命题组长等职务，并参与编写了中电联《电力行业仿真培训考核大纲》《电力行业仿真培训与考核规范》，不断推进行业技术进步，进一步扩大了学校的知名度。2023年，内蒙古自治区总工会、内蒙古自治区人力资源和社会保障厅积极寻求合作，开展了火电集控运行职业技能比赛，使学校仿真技术进一步扩大了行业影响力，拓宽了技术服务区域。

　　新时代、新发展、新机遇。2021年，学校深入贯彻落实习近平总书记关于碳达峰碳中和一系列重要讲话和重要指示精神，认真贯彻落实教育部《高等学校碳中和科技创新行动计划》，积极践行绿色低碳理念，大力推行

◎ 仿真中心入驻学校新型电力系统实训基地

绿色生活方式。结合国家"双碳"战略和学校开展的低碳校园建设,仿真中心在火电机组深度调峰方面拓展了相关培训。目前,于2021年筹备规划、2022年破土动工的新型电力系统实训基地已经于2023年底正式交付使用。如今,学校很多学院、部门实验室、实训基地等都入驻了新型电力系统实训基地,仿真中心也入驻了全新的实验室,设备、场地等软硬件设施全面升级,中心的每位老师都憋足了劲儿准备把仿真中心的各项事业再次提升。

经过几代"仿真人"的付出与传承,仿真中心的技术、设备、人员都与时俱进,一代又一代的"仿真人"积淀出了自己的仿真人精神。2024年,辽宁努力打造新时代"六地",仿真中心将以创新引领发展,力争突破更多仿真核心技术,积极推动发展新质生产力,为打造重大技术创新策源地贡献智慧支撑。

一直以来,他们以高标准严格要求自己,始终坚守"红心向党、技术报国"的初心,砥砺前行、百折不挠,兢兢业业、精益求精。他们勤于思考、勇于创新,在平凡的岗位上书写了不平凡事迹,用智慧与汗水为国家能源电力行业高质量发展贡献了全部力量。

坚守科研报国
矢志初心不改

——记全国电力行业仿真专家李智

李智

（1963—2016）

——

男，中共党员，1985年毕业于沈阳电力学校电厂热能动力设备专业。二级教授，硕士研究生导师，国务院政府特殊津贴专家、辽宁省"百千万人才工程"百人层次、辽宁省高层次科技专家、全国电力行业仿真培训专家、全国电力仿真培训协作网副主任、中国电机工程学会高级会员、教育部"十一五"高校科技管理先进个人、沈阳市劳动模范。曾任沈阳工程学院主管科研副校长。

——

李智一生潜心科研，治学严谨，笃志践行，成果丰厚。他长期从事电力领域的仿真控制技术、发电机组优化运行的研究和应用。先后主持国家、省级科技项目10余项。获得国家发明专利多项，发表高水平学术论文30余篇。曾获辽宁省科技进步二等奖、三等奖，沈阳市科技创新奖，沈阳市科技进步二等奖，辽宁省电力公司科技进步二等奖等科技奖励。他数十年如一日，秉承勤政务实、服务为民的信念，在工作中勇于担当、攻坚克难、殚精竭虑、身体力行，为教育事业作出了卓越贡献。

事业开启，奠基仿真

1984 年，随着电力行业的快速发展和技术的不断进步，国家对仿真技术的工程应用需求日益紧迫，水电部拟建设电力仿真系统。

1985 年，年轻的李智风华正茂、求实好学，在沈阳电力学校（学校前身之一）学习期间表现优秀、品学兼优，肯钻研、爱创新。作为热能动力工程专业的优秀毕业生，在时任校领导的推荐下留校任教，并加入了研究仿真机系统的研发团队沈阳电力学校科研科（仿真中心前身），参与研发200 兆瓦火电机组的仿真机，与这项重大工程结下了不解之缘。工作期间，李智在几位老师的指导与帮助下，边学习边研究，并在清华大学边培训边筹建……为攻克技术难题，李智与团队人员共同研究、共同探讨，查阅了国内国际大量资料，并凭借自身专业优势，对所遇到的难题提出了很多解决方案，并很快出台筹建方案及未来工作方向等。从团队成员到技术骨干，从一片空白到引领核心技术，多少个日日夜夜，李智与团队攻克了无数难题，最终自主研发的我国电力仿真机系统通过了国家验收。

1992 年，李智光荣地加入了中国共产党，历任沈阳电力高等专科学校（学校前身之一）仿真研究所主任、科技处处长。科研道路充满孤独与艰辛，虽然很多同事离开学校转而出去开公司了，但李智仍不改初心，长期坚守在学校科研第一线。1996 年，由李智领衔参与，学校和清华大学联合研制的国家重点攻关项目、国家"九五"期间重大科研项目——600 兆瓦火电机组仿真机在沈阳研制成功并投入运行。这是我国第一台 600 兆瓦火电机组仿真机，当时已达到国际先进水平，获得国家科技进步一等奖。作为学校电力仿真系统的奠基人，李智当选为全国电力仿真协会理事长，虽然事务性工作增多了，但并没有影响他的科学研究，多年来所获的累累成果饱含了他多少智慧与汗水……

积极探索，服务地方

随着岁月变迁，2003 年学校升格成为沈阳工程学院，进入了全新的发展时期。在李智的主持组建下，仿真中心发展建设成为辽宁省电力仿真控制重点实验室，电力行业仿真培训基地之一，主要承担火电机组运行值班员的技能培训及技能鉴定，沈阳工程学院热动、集控及有关专业方向本、专科学生的实践教学，电力行业科学研究和技术开发等工作……

作为学校科技处处长，李智在学校的科技与产业工作中，科学谋划、精心实施，将科技园建设纳入学校总体发展规划。科技园自 2008 年开工建设以来，在他的倡导与带领下，通过积极探索、大胆实践，科技园不断完善园区建设与规划、明确定位与方向、加强内涵建设、完善特色项目、扶助创新创业、产学合作研发，成为以服务辽宁新能源产业发展为主，融入区域经济高质量发展为基的特色科技园区。多年来，李智带领学校科技园各项工作持续飞速发展，在沈北地区成为高校科技成果转化、企业孵化、创业人才培养和产学研结合的新平台，也成为推动区域经济发展、支撑行业技术进步的重要力量，提升了学校科研能力与服务社会水平。2014 年，科技园通过专家验收与鉴定，被成功认定为省级大学科技园。

道路虽然艰辛，收获却很美好。学校科技与产业工作稳步扎实推进，科技园先后获批"省级科技企业孵化器""省级产学研合作示范基地""省级技术转移示范机构""省级大学生创业孵化示范基地"等标志性成果。2021 年，科技园作为创新环境好、创新资源聚集、成果转化和科技企业孵化绩效显著的大学科技园之一，成功获评国家级大学科技园，成为辽宁第七所国家级大学科技园。

爱校荣校，发起申硕

作为一名技术型党员干部，李智理想信念坚定，勤勉务实为民，踏实工作、清正廉洁。不论是任沈阳电力高等专科学校仿真技术中心主任、科技处处长，还是沈阳工程学院科技处处长的职务，他始终站在学校发展全局的高度思考和凝聚重点工作任务。

2012年，经省委组织部任命，李智为沈阳工程学院副校长，主管科技等工作。这使他更是全身心地投入到工作中，大力推动学校学科建设工作，倡导全面建设"学科群"，组建专业学科队伍，不断加强产学研合作。积极督促建设各类科技创新平台、综合性专业实验室和学科基地，促进科学研究与专业教学资源共享等，不断提高学校人才培养质量。

随着学校的不断发展进步，申报硕士授权点的工作已逐步提上议事日

◎ 李智获得的部分获奖证书

程。李智是学校申硕的发起人，在分管研究生部工作期间，作为学校副校长，他为进一步提高学校办学水平、层次与社会影响力，提升整体学术水平，提出了申报建设沈阳工程学院硕士学位授权点并全面带领启动各项工作。通过多年努力，李智为学校申硕工作积累了大量经验与资源，奠定了坚实的基础。2011 年，学校被确定为"服务国家特殊需求人才培养项目"硕士专业学位研究生培养试点单位。

殚精竭虑，初心不改

李智治学严谨、笃志践行，除做好日常事务外，全身心地投身于学校科研工作。不论是当处长还是当校领导，每天他都是早早来到办公室开始一天的工作，晚上总是很晚才下班，周末也基本是全年无休，"家"还是"校"，有时连他自己也分不太清了。他的实验室的灯光总是亮到深夜，那里不知孕育了多少个创新点子，不知攻克了多少科研难题，不知解决了多少实用问题。在李智的带领和努力下，学校的科研平台和科研团队等建设粗具规模。他积极倡导建设国际化联合研究平台，依托学校组建省级重点

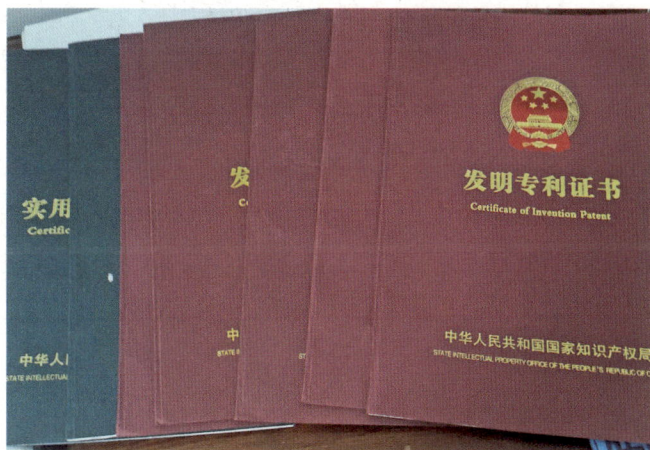

◎ 李智获得的部分发明专利证书

实验室，取得了大量高水平研究成果；积极发挥科技对人才培养和学科建设的带动作用，同时不断建立完善人才培养、科技服务、技术创新等发展机制，提升了学校高素质人才培养水平，助力学校各项事业的发展进步。他脑子里想的都是学校发展，把自身的一切都奉献给了学校！辛勤的汗水总会换来累累硕果，李智是二级教授、国务院政府特殊津贴专家、辽宁省"百千万人才"百层次人才、辽宁省高层次科技专家、全国电力行业仿真专家……作为学校科技创新的引领人，他带领团队先后主持国家自然科学基金项目，国家、省级科技项目10余项。曾获得国家发明专利多项，并应用于电力系统技改和研发升级，促进了电力企业的技术进步和节能减排。发表高水平学术论文30余篇，获辽宁省科技进步奖、沈阳市科技创新奖、沈阳市科技进步奖等。

作为一名科技工作者，李智的内心不只装有冰冷枯燥的科学研究，更饱有对学校、对师生、对教育事业的浓浓情怀。新校区异地建设置换，学校在老校区盖起了住宅楼。在选择房屋时，李智没有过多考虑房间的朝向、采光等因素，毅然决然地选择了长江街134号老校区仿真中心实验室旧址的位置。爱人和孩子也全部支持他，因为他们知道，那里是李智事业的起点，那里有他的根，有他奋斗的汗水，饱含了李智为学校无私奉献的青春岁月，也凝聚了李智爱国爱校的不悔初心。李智就是这样，作为学校培养的优秀毕业生典范，饱含着对学校深深的爱，把一生都奉献给了沈阳工程学院。

历史的车轮永不停歇，发展的道路永远向前。沈阳工程学院的发展历程如浩荡长河，奔流不息、源远流长。正是有了像李智那样的一批优秀人才，几十年如一日投身为党育人、为国育才的教育事业，服务学校、奉献学校，不断推动学校发展进步，学校才一步一个脚印、一年一个台阶，迎来了如今快速行进在高质量发展道路上的沈阳工程学院。薪火接力、生生不息，李智红心向党、技术报国的初心将在沈阳工程学院永不熄灭、永远传承！

精于工匠于心
择一事终一生
——记全国劳动模范琚永安

琚永安

（1965 年生）

———

男，中共党员，沈阳电力学校 1986 届电站集中控制运行专业毕业生。现任国网吉林四平供电公司创新管理办公室副主任、国家级劳模（工匠）创新工作室领衔人和吉林省首席技师工作室领衔人。享受国务院政府特殊津贴，荣获全国劳动模范、全国五一劳动奖章、吉林省特等劳动模范，国家电网公司"国网工匠"、首届"吉林工匠"、第十五届中国工业论坛"优秀创新工匠"。

———

择一事，终一生。从少年时代起，琚永安就对神奇的"电"世界着迷，从手电筒到有线广播，从轰鸣的机器到天空中的闪电，都充满疑问和遐想。偶然一次在收音机里听到了一个节目，配乐广播剧《把一切献给党》，他被节目的主人公吴运铎的奋斗历程所感动，崇拜英模、

© 2015 年 4 月 28 日，琚永安在人民大会堂参加全国劳动模范表彰大会

研发创新和技术报国的理想开始生长。

用兴趣选择学校和专业，用钻研厚积知识和储备

人们常说"兴趣是最好的老师"。琚永安1984年高考时只关注与电相关的学校，在密密麻麻的招生简章中，他被一所电力学校的招生简介吸引："同学们，共产主义就是苏维埃政权加上全国电气化……"于是琚永安就选择并走进了沈阳电力学校。琚永安回忆大学时光，电工老师用两个乒乓球逼真地演示脉动磁场；电子老师悉心指导解惑答疑；数学老师讲解"工具"的重要性；热工老师给出"熵"与人生的启示；在校外老师和学校组织的宣讲报告会上深受启发……一幕幕的经历永远定格在了记忆里。在校期间，除了本专业的课程，琚永安特别留意其他专业的课程并经常来到图书馆，课余时间就是电子市场的常客，学习和实践中充满乐趣。在校期间的跨专业学习和实践钻研为他以后工作中的一专多能的技术创新打下了基础。

© 1986年6月，上学期间琚永安在清河电厂实习（左一为琚永安）

以前辈电力楷模为榜样，厚植技术创新报国情怀

参加工作后，琚永安被新中国成立之初四平供电公司的前辈师傅以空前的爱国情怀和创新精神修复战损设备、保障供电、全力支持三大战役和全国的解放事业的事迹感染激励。他发现专业教科书中的"电容式重合闸"装置，竟然是本单位的前辈师傅所发明，而那位前辈也因此走进了人民大会堂，参加了新中国成立10周年的全国群英大会，并获得了"全国青年突击手"称号；另一位前辈师傅研发的光电互感器获得了"全国科学大会奖状"，这正是今天智能电网的基础元件。他被这些前辈的技术报国的创新精神所感动，常态工作创奇迹，楷模就在身边！"在职业生涯中留下一点痕迹"成为他的梦想，崇拜的同时，更指引了工作方向，在工作中主动找问题，将问题变课题，多问为什么，有没有更好的办法。为了更好地满足创新工作的需要，他不断学习理论知识，历练专业技能。在从事电网调度工作的同时，还熟练掌握了电气控制、电子技术、编程技术，练就了"车钳铣焊"等专业技能，练就了一专多能的技术本领。创新成果涵盖电网系统的电力线路、变电设备、配电系统、通信、保护、自动化、安全、营销等各个专业，在破解难题的同时，留下闪光的创新足迹，走进了劳模工匠的行列。

学以致用破解难题，技术创新节约创效

琚永安让学习成为习惯，他独立完成创新百余项（全部为业余时间自行完成），获得国家级和省部级奖项13项，获专利授权32项，发表论文20余篇。先后获评"四平工匠"、首届十大"吉林工匠"、国家电网公司"国网工匠"、第十五届中国工业论坛"优秀创新工匠"、"吉林电力优秀专家人才"、吉林省"供电行业专家"等称号，进入国家级领军人才行列。

施工放线跨越各类障碍是多年以来电网施工面临的全国共性难题，经

常施工受阻、冲突，以至停工。琚永安于是研制了"无线电遥控放线导引绳牵引滑车"，实现了空中越障，用技术手段解决了越障难题，特殊地段具有无人机无可比拟的优势，提高工效几十倍，已经节约创效7000余万元。

以技术创新破解难题。琚永安不断攻克电网各专业中遇到的工作痛点，遍布野外的铁塔每年都有大量的塔材被盗现象，他研发了"铁塔角钢系列防盗拆"技术，有效防止了角钢被盗引发的经济损失和伴生的恶性倒塔事故。通信及二次系统电源保障是关键，他攻克了整流器无法并列的技术瓶颈，研制了"整流器并列电源分配屏"，实现了多整流器互备支撑，使通信电源系统供电可靠性达到100%，技术路线全国领先。针对以往线路接续线夹引起的断线事故，他研制了"新式电力线路接续线夹"，破解了以往线夹的弊端，有效防止了断线事故的发生。遍布野外铁塔的防雷接地是线路安全运行的关键，但在接地体施工中需要将笨重的发电机运抵现场，高山密林特殊地域车辆根本无法到达，于是他研发了"接地一体化学焊接技术"，一个人、一套模具、一包药粉、一瞬间即可完成金属焊接。

技术创新源于勤学不怠。琚永安追随行业前沿不断学习迭代，随着变电站数字化和智能化的发展，琚永安研发了"智能变电站组件箱压缩空气超声波降温系统"，以压缩空气为媒介，为电网设备降温探索出一条新路线。低压系统电压异常造成烧损家电的事情多有发生，针对被动维修和理赔，他研制了"零线电压偏移保护自动断路器"，有效避免了零线断线导致用户电压异常事故的发生。随着近年国家光伏惠民政策的实施，大量分布式光伏接入电网，但由于缺少相应的"防孤岛保护"装置，为人员和设备留下了很大的潜在隐患，于是他首创研制了"分布式光伏防孤岛装置"，解决了全国共性难题。

技术创新项目在行业中推广。随着数据通信技术的发展，架空地线复合光缆在电网中大量采用，琚永安研制了"OPGW复合光缆电动旋切机"，实现了专用设备剥缆代替人工作业，使工作质效实现了本质上的飞跃，为国内首创并填补业界空白，已在国家电网公司全面推广。

随着供电可靠性的提高，以往的变电检修手段已无法满足质效的要求，于是他研发了"变电设备多功能微型检修车"，以微型化全功能的特点，实现了"一机到场检修全能"的目标，填补了该领域的空白，获全国职工技术创新优秀成果奖。

琚永安劳模创新工作室先后获评四平市、吉林省和国家电网公司的"示范性劳模创新工作室"。2017年被中华全国总工会授予"全国示范性劳模和工匠人才创新工作室"；2018年被吉林省人社厅授予"琚永安首席技能大师工作室"称号。身正为范，德高为师，琚永安在劳模创新工作室中先后带动200余名员工成长成才，所带团队获"吉林省经济技术创新团队""吉林省五一劳动奖状"和"全国优秀质量管理小组"等荣誉，被吉林省人社厅授予"吉林省首席技师工作室"称号。先后有全国总工会副主席许振超，吉林省委书记景俊海、副书记高广滨等多位领导亲临琚永安劳模创新工作室调研慰问。琚永安敬业创新的事迹和领衔的创新团队，在吉林卫视、四平广电及诸多网络媒体播发报道，领衔的创新工作室已经打造为公司员工成长的平台和培树典型的沃土。

◎ 琚永安劳模创新工作室

琚永安说感恩伟大的时代，让他亲历了社会的发展和科技的腾飞；感恩学校，为他注入了知识，开阔了视野；感恩企业，给了他成长的平台和成就人生的事业。他说美好的生活要靠劳动来创造，劳模精神是向典型学习，工匠精神是和自己较劲。奋斗与创新，是新时代赋予劳动者最大的使命，更是新质生产力的源泉。多年来，琚永安用实际行动践行了母校的"勤奋、严谨、创新、报国"的学风。精于工匠于心，择一事终一生。琚永安一门深入、一专多能、勇于创新，守护电网实现了技能报国的理想。在常态工作中开创了奇迹，他以心所向成为大国电力工匠。

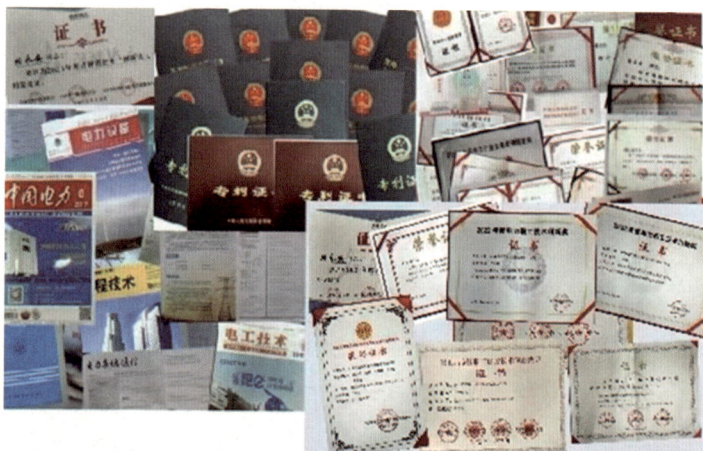

◎ 琚永安获得的部分证书

学成不忘母校情
情归乡梓报师恩
——记沈阳五一劳动奖章获得者刘文祥

刘文祥

（1966 年生）

———

男，沈阳电力专科学校电力系统通讯专业 1986 届毕业生。现任帝信科技股份有限公司董事长兼总经理。辽宁省城乡经济与社会发展装备制造业领军人物，沈阳市人大代表、盛京人才、优秀企业家、首批创新型企业家，沈阳五一劳动奖章获得者，沈北新区政协委员。

———

科技是国家强盛之基，创新是民族进步之魂。30 余年来，刘文祥始终坚持在专业领域探索，努力推进科技创新，于 1998 年创立帝信科技股份有限公司，利用自身的通信调度技术专长，服务国家电网、交通信息化发展、智慧城市建设，并怀着感恩之心尽己所能回报母校。

胸怀远大志向，不断超越自我

"在沈阳电力专科学校学习的三年，我不仅获取了丰富的专业知识，更潜移默化地从老师身上学到了严谨、认真、责任与担当……"提到母校，刘文祥总是这样说。遥想大学时光，刘文祥养成了良好的学习习惯：勤于学习、不让时间虚度。他的大学生活忙碌而充实，"理论教学—业余生活—社会实践"三位一体的思想教育体系滋养了他厚重的人文素质、创新能力与实践精神。1998 年，历 经 世 界 500强企业的历练、已过而立之年的刘文祥并不满足就职于国企的现状，开始认真思考，到底是继续做着一份比较安稳的工作，还是放手一搏，去追求自

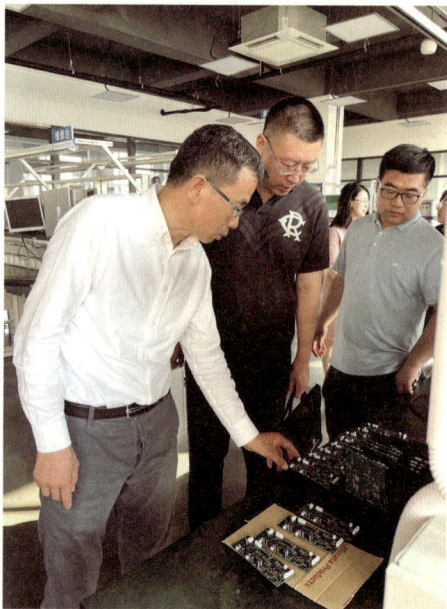

◎ 刘文祥与工作人员探讨技术

己的梦想。人生在勇于创新创造中出彩，怀揣梦想的刘文祥牢记母校"勤奋、严谨、创新、报国"的学风，毅然辞去国企工作，踏上自主创业的道路，创立了帝信科技股份有限公司。公司成立以来，刘文祥传承母校技术报国传统，重视企业技术研发能力培养，成功组织策划了多项专网通信调度产品研发工作，使产品广泛应用于市场，为国家电网公司、中国华能集团公司、中国大唐集团公司、中国华电集团公司、中国国电集团公司、中国电力投资集团公司等提供了数字化转型方案。辛苦付出的背后是可喜的成就，公司先后获批"省级企业技术中心""省级工程实验室""省级技术创新中心""省级数字化转型促进中心""省级产学研联盟盟主"，成为国家级专精特新"小巨人"企业，国内领先的智慧高速和智慧电力解决方案及产品提供商。公司于 2014 年全国首批挂牌新三板，并从 2016 年开始连续进入新三板创新层。

涵养家国情怀，勇担时代责任

　　多年来，刘文祥一直用实际行动践行着母校拼搏向前的精神，因为表现突出，先后当选沈北新区政协委员、沈阳市人大代表。履职期间，他具有很强的大局意识，能够紧紧围绕国家总体发展目标和所带领的企业实际情况积极开展工作，把学习化为审时度势、总揽全局的本领，化为善抓机遇、善谋良策的能力，化为务实求真、开拓创新的水平，以实事求是、与时俱进、开拓创新的精神，认真贯彻执行党的理论和路线方针政策。在政治上思想上行动上与党中央保持高度一致，并注重运用科学理论指导实际工作，为促进地方经济繁荣发展积极献策建言。他先后获"辽宁省城乡经济与社会发展装备制造业领军人物""沈阳市优秀企业家""沈阳市首批创新型企业家""沈阳五一劳动奖章"等荣誉。他带领青年聚焦电力和交通领域，持续深化研究，在工业机器人等领域开拓新的工业互联网人工智能应用实践。曾主持研发"电缆故障测试系统"获沈阳市科技进步奖二等奖，凭"基于调度领域的软交换调度机研发项目"荣获沈阳市科技进步奖三等奖。

◎ 刘文祥获沈阳五一劳动奖章

心系母校发展，彰显校友情怀

情系母校，恩满心间。刘文祥说，母校为他提供了成长的沃土，没有母校就没有他的今天。在他的努力下，帝信科技股份有限公司与沈阳工程学院签订了校企合作暨共建通信工程专业框架协议。公司选派生产一线业务骨干担任兼职专业教师，将行业新动态和案例带进课堂；选派企业骨干到校讲学，助力学生顺利走上实习岗位，更好更快地适应岗位工作要求；参与通信工程专业教学，每年为通信工程专业毕业生提供实习岗位，为青年教师提供人才培养、工程实践和科研工作岗位，助力大学生就业实践和青年教师成长；与学校共建"现代通信技术联合实训中心"，为母校捐献教学和科研设备，并合作开展项目研究，助力学校不断提升教育教学水平和人才培养质量。"创业这些年，一直在路上，道路经常是曲折泥泞的，但路边的鲜花正是最美丽的风景。我一直在享受成长的乐趣。"刘文祥是这样说的，也是这样做的。一步一个脚印，从校园走向职场，从优秀走到卓越，唯一不变的是，刘文祥一直坚守着自己的不懈追求和绮丽梦想，立足本职，积极投身中国式现代化建设。

科研攻关
报效国家

希望全国广大高校毕业生志存高远、脚踏实地，不畏艰难险阻，勇担时代使命，把个人的理想追求融入党和国家事业之中，为党、为祖国、为人民多作贡献。

——2020 年 7 月 8 日，习近平给中国石油大学（北京）克拉玛依校区毕业生的回信

我反复强调要发扬将革命进行到底的精神，强调要发扬老一辈革命家"宜将剩勇追穷寇，不可沽名学霸王"的革命精神，发扬共产党人"为有牺牲多壮志，敢教日月换新天"的奋斗精神，这是有很深考虑的。大家想一想，在我国这样一个 14 亿人口的国家实现社会主义现代化，这是多么伟大、多么不易！要教育引导全党大力发扬红色传统、传承红色基因，赓续共产党人精神血脉，始终保持革命者的大无畏奋斗精神，鼓起迈进新征程、奋进新时代的精气神。

——2021 年 2 月 20 日，习近平在党史学习教育动员大会上的讲话

力行担当坚守一线
持之以恒勇攀高峰
——记国网辽宁公司超高压运维检修专家
吴怀诚

吴怀诚

（1970 年生）

——

男，中共党员，沈阳电力高等专科学校发电厂及电力系统专业 1991 届毕业生。现任国网辽宁省电力有限公司超高压分公司副总工程师兼运维检修部主任，辽宁五一劳动奖章获得者。

——

在日复一日的工作中，开展技术攻关，精益求精做好设备维护，保障一方电网平安，是吴怀诚坚持的目标。运维检修部是检修公司最为繁忙的部门，安全生产压力大、责任大。吴怀诚说："我们的工作关系到省内 29 座 500 千伏变电站（换流站）的安全稳定运行。"就这样，他默默扎根于运维检修一线长达 32 年，从未离开超高压电网的运营维护，经历了输变电运维相关的多岗位历练，带领他的团队扎根一线保运维，全年的节假日几乎都是在单位度过。吴怀诚面对自己的本职工作吃得苦、耐得劳；面对专业技术更是刻苦钻研、带头创新，其技术成果获评国网辽宁省电力有限公司新技术应用一等奖。

积极攻关，解决难题

吴怀诚主要从事超高压电网变电站，直流换流站一、二次设备运维检修及管理工作，通过深入研究运行数据在故障识别过程中的应用，他带领团队自主研发了"电力设备运行数据分析系统"，实现了设备运行信息综合统计、分类汇总、横向对比、纵向分析，将设备故障的识别延伸至潜在阶段，实现部分主设备故障早期预警。2020年，他又积极响应国网公司"创新驱动发展"战略，坚持"从现场来回到现场中去"

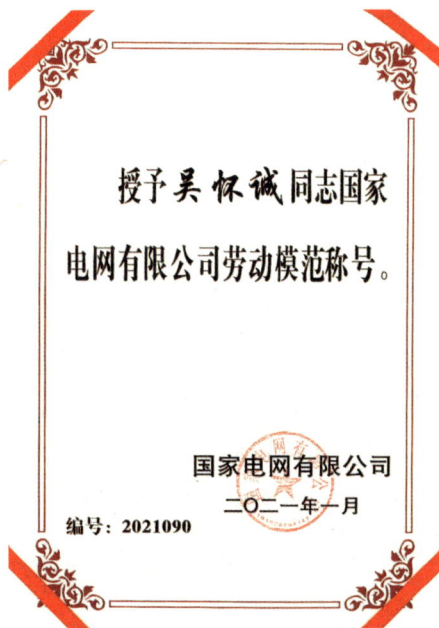

授予吴怀诚同志国家电网有限公司劳动模范称号。

国家电网有限公司
二〇二一年一月

编号：2021090

© 吴怀诚荣获国家电网有限公司劳动模范称号

的设计理念，对"电力设备运行数据分析系统"开展升级改造，将系统功能模块由原来的 12 个扩展至 20 个共计 8 大类。投入运行三年来，已成功预警了 500 千伏北宁变电站 2 号主变高压侧 CVT 电容松脱放电等一、二次设备异常 68 起，避免了多次电力设备故障，保障了辽宁主干电网的安全稳定运行。

师徒帮带，薪火相传

作为在生产一线工作多年的老职工，吴怀诚把"传帮带"视为自己的

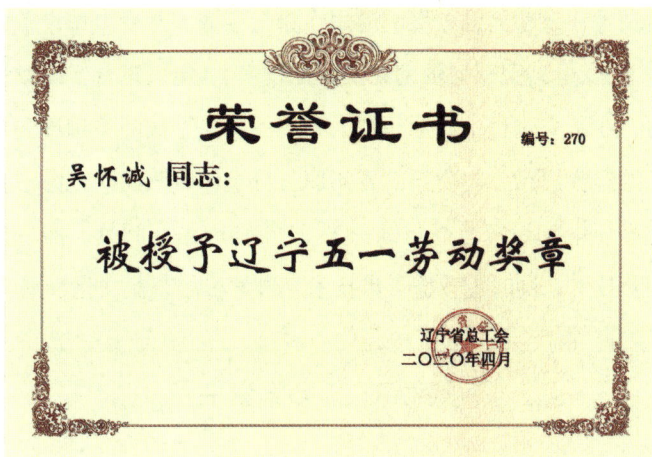

◎ 吴怀诚荣获"辽宁五一劳动奖章"

责任，经常与团队成员分享创新工作的经验和心得，为大家指导和解答技术上和工作中的各种问题，培养他们的创新意识。吴怀诚高度关注电力技术前沿，当他发现近年来新型传感器在电力系统已经得到广泛应用，并且大幅度提高了电力设备智能化水平时，他立即投入到技术研究中，积极探

◎ 吴怀诚对公司青年职工进行技术指导

索传感器技术在设备运维领域的应用，参与完成了《变电站设备监控人机交互技术》《变电站智慧型辅助系统监控技术》《电气运行实训教程》等著作的编写。在研究过程中，他还把遇到的一些典型故障案例逐一整理，并附上自己的经验总结，与公司的青年职工分享，带领团队创办了企业内部刊物《超高压电气设备运行与维护》，让年轻同志在阅读、撰写文章的过程中学到新技术，同时也营造了讲技术、讲学习的企业文化氛围。

感恩母校，心系学子

在三十余载的职业生涯中，吴怀诚获得了国家电网有限公司劳动模范、全国电力行业设备管理先进个人等多项荣誉称号。吴怀诚说，在他的相册里一直珍藏着两张照片，一张是入学之初和寝室同学们的合影，另一张则是毕业前寝室同学们的合影。他说："虽然大学时光仅有 3 年，但是能够看

◎ 吴怀诚所在班级的毕业合影（三排左六为吴怀成）

出我们每个人从稚嫩到成熟的变化。严在当严处，爱在细微中，老师们的谆谆教导，帮助我们掌握了系统扎实的专业知识；无论严冬酷暑，每天从起床、早操、整理内务、上课学习直到晚上熄灯，学校半军事化的学生管理模式锻造了我们的意志品质和严格的纪律性。当我们走上社会后，在面对企业的严格管理时、面对困难和挫折时，就越发感受到母校严格教育管理的可贵。"

每当有机会，吴怀诚就会回到母校，为电力学院的同学们作专题讲座，结合自己的成长和工作经历，帮助同学们规划职业生涯。他说，感悟最深的是每一次换岗都是一次挑战。他勉励在校的学弟学妹们要勤奋学习，打牢专业知识基础。走上社会后，无论从事哪个岗位的工作，最重要的是要熟悉这个领域的专业知识，如果不能全面熟悉、掌握这个领域的专业知识，就会缺乏相应的敏锐度，对工作中出现的技术问题不能第一时间察觉，那样就极容易酿成事故或是大错，所以在大学阶段，首要任务就是抓好专业学习。

对于吴怀诚而言，作为一名共产党员、一名运维检修工程师、一名企业一线的技术研发人员，他持之以恒扎根国家电力事业建设一线、勇于创新突破新技术、保障电网安全运行、无私奉献帮助青年职工成长……这些都是他践行卓越工程师标准的生动写照。吴怀诚说，他将继续以身作则，充分发扬劳模精神，带领团队一起埋头苦干，并将自己毕生的技艺和经验传授给身边每一个需要的人，以高度的责任心践行"人民电业为人民"的宗旨，以实际行动守护好百姓的万家灯火。

匠心深耕在一线
矢志不渝守初心
——记辽宁省劳动模范张海明

张海明

（1970 年生）

———

男，沈阳电力专科学校继电保护专业 1993 届毕业生。现任凌钢集团公司董事、副总动力师，凌源热电公司董事长、总经理，凌钢股份公司监事会主席、纪委书记。获得 2012 年度"辽宁省劳动模范"，2016 年度中国金属学会"优秀科技工作者"等多项荣誉称号。

———

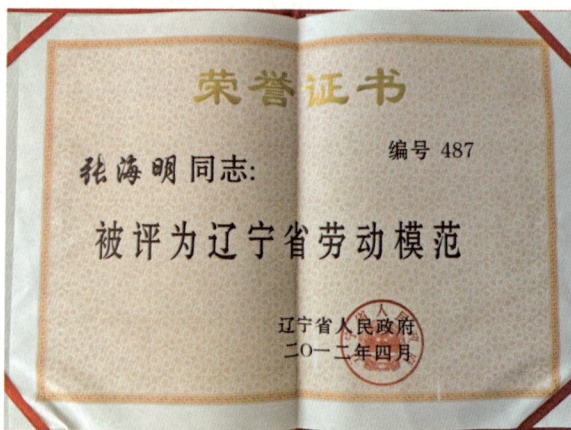

© 张海明荣获"辽宁省劳动模范"称号

参加工作三十余载，张海明凭借从母校中汲取的专业知识素养和实践经验，凭着对事业的执着和热爱，把青春、智慧和激情倾注在凌钢发展上，紧紧围绕企业中心任务，一步一个脚印，抓难点、补短板、带头在先、冲锋在前，留下了一串串闪光的足迹。

立足钢铁行业保电运行，电力专家突破专业界限

张海明作为一名电力专业毕业生，一直秉承母校"勤奋、严谨、创新、报国"的优良学风，特别是在电力系统小电流接地系统中，勇于创新，敢于改革，将经消弧线圈选线系统改为小阻接地跳闸系统，运行十几年，效果十分显著，在钢铁行业内得到充分认可。因工作严谨，务实创新，张海明在中高压电力系统管理中展现出惊人才能，被凌钢集团公司委以重任，突破专业界限，先后担任过公辅项目经理、机动部副部长、技改部部长、计量信息部部长、能源管控中心主任等职务，为凌钢的发展壮大、生产经营决策、对标挖潜、降本增效作出了突出的贡献。凌钢从50万吨钢产能逐步发展为600万吨钢产能，这之中，张海明除了主导电力系统改造扩容外，还承担"风水电气"等公辅项目顶层设计，主导统筹技改工程项目建设，深耕前沿，连续奋战，解决了工程建设中的多项布局难题、技术难题、置换难题等，为凌钢高质量发展奠定了坚实基础。

除了抓好技改工程，在凌钢计量管理和信息化建设上，张海明也丝毫不含糊。他根据"冶金企业计量工作意见"和凌钢实际，坚持正确思路，打破常规，勇拓新路，各类基础性计量工艺、计量方式得到充分完善，恢复计量功能，实现了凌钢空压风、氧气、氮气、氩气、循环水、软化水等主要能源的100%计量，为凌钢数字化建设、智能制造提供了计量基础。

"欲善其事，必先修其身"。要求别人做到的，作为负责人的他充分发挥"领头羊"的作用，以身作则，身先士卒。他坚持每天深入现场，进行

节点检查，掌握一手资料。在他身上无时不体现着对工作的精、专、细的工作态度，一言一行、一举一动，都展现出他的担当和付出。没有丝毫懈怠，没有半点疏忽，事事亲力亲为。

突破常规技术创新，环保增效业绩卓越

凌钢地处辽西山区，水资源匮乏由来已久。至 2009 年，凌钢由 350 万吨钢升级到 600 万吨钢产能。随着钢产量的提高，地下水资源呈现紧张态势。在张海明的大力倡导下，凌钢于 2010 年、2012 年，先后投资 2 亿元，开工建设污水深度处理一、二期工程。从 2010 年 6 月开始凌钢实现污水"零排放"。污水回用技术在凌钢的应用，对于有效利用水资源、降低产品的新水消耗、改善当地水环境、保护地下水资源具有非常重要和深远意义。

作为凌钢集团副总动力师，张海明具有强烈的事业心和责任感，特别是对新技术引进和采用严格把关定位。近几年，凌钢新引进的高温高压、高温超高压锅炉及发电机组，干熄焦锅炉及发电机组，锅炉用水全部采用"两级反渗透 +EDI"，淘汰了落后的传统工艺阴阳离子床。自动化程度高，制水水质稳定，回收率高。水的利用率提高 6%，达到 100% 回收使用，而且该工艺环保无污染，真正达到了节水目的。在污水"零排放"的攻关中，提出了循环水串级使用、高浓水冲渣循环利用、增加曝气除油设施等多项建设性意见，保证凌钢连续 7 年实现污水"零排放"，凌钢新水消耗持续处于国内领先水平。同时，利用余热余能提高企业自发电比例，是众多钢铁企业降低成本、增加效益、实现企业转型升级目标的有效途径。张海明充分发挥电力专家的优势，带领班子成员和骨干成员勇于担当责任，从强化管理入手，向技术进步要效益，先后完成煤气与发电平衡、降低煤气放散率、全国首创"发电锅炉掺烧三种煤气"、提高自发电比例等多项技术攻关。自 2016 年 5 月至今，年均发电 16.4 亿千瓦时，创效 8 亿元左

右，跻身行业前三，被凌钢列为"十大关键指标"之一。通过对行业相关政策的学习，他提出电费按最大需量法计缴，自2020年开始，为凌钢节省了电费近亿元。

常言道："火车跑得快，全凭车头带。"忘我的工作精神深深鼓舞和鞭策着张海明身边的每一个人。在他的带领下，凌钢相关部门克服重重困难，各项工作步入正轨并且蒸蒸日上。面对成绩，他没有骄傲，锚定城市中水回用、智慧能源建设、光伏发电等绿电项目，又踏上了新的征程。

© 2021年，张海明在凌钢一总变10万变压器的检修现场指导

敬业爱岗无私奉献，坚守一线持续精进

斗转星移，春华秋实。转眼间，张海明在凌钢发展的道路上事业上已前行了30余个春秋，风雨兼程，矢志不渝，是对他多年来工作的真实写

照。在每一个职工的眼里，他都是一位好领导，严厉但不失随和，大家经常可以在生产一线看到他，和他谈心、拉家常，探讨工作上的问题。多年来，为了事业，他扎身于生产一线，奉献了一切。作为企业的一名高层领导，不管是下班后还是节假日，他都是随时待命，或许是职责所在，或许是使命难却，他总是把工作放在第一位，任劳任怨、无怨无悔。正是因为他责任心使然，对凌钢整体工艺全面熟知，现场一手资料掌握全面，带头深入研究国家相关政策，牢牢守住凌钢环保底线，全面推进装备升级和超低排放改造，首创监测浓度模型反演法，完成了凌钢环境防护距离评估报告，取得了炼钢产能置换项目环评批复，为凌钢可持续发展发挥了关键作用。

匠心深耕在一线，矢志不渝守初心。张海明脚踏实地，用一串串深深的足迹，一篇篇沉甸甸的业绩，践行着"干就干一流的事，干就干成一流"的要求，以"我将无我，不负众望"的使命感，以"时不我待，只争朝夕"的紧迫感，以"特别能吃苦、特别能战斗、特别能奉献"的干劲，完成了凌钢交给的各项任务，为凌钢事业的发展书写了浓墨重彩的一笔。

◎ 1990 年入学合影（二排左一为张海明）

严爱相济终成材
履践致远报桑梓

——记 1993 届优秀毕业生陈东

陈东

（1971 年生）

———

男，中共党员，沈阳电力高等专科学校发电厂及电力系统专业 1993 届毕业生。现任沈阳智联电力设计有限公司董事长，获得行业最高赞誉——"鲁班奖"。

———

从专科毕业到电网公司技术员，从跨国企业高管到创建自己的电力公司，陈东始终把在母校养成的优秀品质带到他所经历的工作中，铸就了他在电力行业的优秀业绩。润己及人，同时他用实际行动不断回馈母校的培养之恩。

严爱相济，脱胎换骨

陈东是在 1990 年第一次踏入沈阳电力高等专科学校的。在母校的三年学习，给他留下最深刻的印象就是半军事化的学生管理模式，从早晨 6 点起床、跑操，到晚 10 点准时熄灯，每天早、中、晚 3 次点名，辅导员老师戴着白手套查验宿舍卫生……他仿佛一直生活在一个严格运转的精密的生产线内，三年如一日，时刻锻造着他们的组织性、纪律性，连思想觉悟都大大提高。在辅导员老师和团总支书记的帮助下，品学兼优的陈东在大二时就光荣地加入了中国共产党，这两位老师是他的入党介绍人，也是他政治生命的启蒙人、领路人。陈东回忆三年的校园生活，"真是脱胎换骨，是我一生中进步成长最快的三年"。无论在性情上还是体魄上，他都变得更加坚韧，也养成了吃苦耐劳、严谨认真的作风。

在校期间陈东还担任班长，给他留下最深刻印象的就是两次带队到清河电厂、抚顺电厂进行一个月的实习生活。当时才上大二的他，自己到火车站买了全班40多名同学的火车票，还到电厂与实习指导老师进行了对接。真正来到电厂，完全置身于不同的环境，在众多复杂的机器设备中要保证40多名同学顺利安全完成实习任务，给陈东带来了不小的挑战。他这才真正理解为什么在校生活要半军事化管理，为什么在学习专业知识时要精益求精，因为在电厂一线，错走一步、错按一个按键，都可能会对个人安全和国家财产造成巨大的损失。正是"严在当严处，爱在细微中"的

© 1993 年陈东（后排右五）大学毕业合影

精神，使陈东成长为一名合格的电力技术人才。吃尽苦中苦，方得甜上甜。陈东觉得正是那三年的磨炼使他真正成长起来，以至于走向社会后都觉得再无更难更苦的事情了。回忆这段经历时，他说的最多的一句话就是："能有今天的成绩，全都是母校和老师的教育培养才取得的。"

奔赴山海，履践致远

1993 年陈东毕业后，分配到沈阳石蜡化工建设指挥部基建处电力组，1996 年他又来到辽宁省农电局下属辽宁农村电网技术改造有限公司任职。参加工作后他才知道，母校教授的电力知识课程堪称电力系统内典范，实用与理论兼顾，所以才被称为电力行业的"黄埔军校"和"电力小清华"。陈东凭借其展露的扎实的专业知识技能以及出色的组织性、纪律性、协调

© 国网辽宁省电力公司大连供电公司庄河站 550KV HGIS 大修现场

沟通能力，使他很快在工作中脱颖而出，并且迎来了更大的展示才华的舞台。1999 年至 2020 年的 20 年间，他先后在沈阳远大铝业工程有限公司任销售经理、总经理，在沈阳远大科技电工集团任总裁，在沈阳远大集团商贸有限公司任国际部副总裁，2020 年加入辽宁艾希电力工程设计有限公司任市场总监。

20 年间，他通过自己的执着与努力，得到业界的广泛认可。他负责的远大幕墙多个项目荣获了行业最高赞誉——鲁班奖；他组织成立远大电机专家组，通过技术革新，在大功率电动机、高速电机、变频调速电机及特种电机等产品领域具备了行业领先的优势，其中大型电动机机座号小型化研发项目更是打破了德国西门子等外国品牌的技术垄断；他组建的远大变频研发中心，承担了国家重大专项研发课题——第三代核电主泵（CAP1400）变频器国产化的研发项目，在核电控制领域拿出先进可靠的"中国智造"；他带领远大科电集团紧跟国家对绿色能源产业的指导方向，向市场推出了远大 YDF 系列风力发电机组，其 99.98% 的产品使用率也成为可靠性产品的标杆。

党的十八大以来，以新发展理念为引领，我国在推动能源高质量发展中促进经济社会全面绿色转型。陈东抓住能源电力行业重大的发展契机，在 2022 年成立了沈阳智联电力设计有限公司，并任董事长，开始走上了独自创业之路。

润己及人，回馈母校

回顾毕业至今的 30 年，工作过很多行业、任职过许多单位，但陈东一直心系母校，也不断地为母校的发展贡献自己的一份力量。2022 年，他将自己刚成立的公司迁入母校的大学科技园内，这样做既是为感恩母校的教育和培养，同时也为学弟学妹们做出奋斗的榜样，为他们提供更多的就业发展空间。在国家大学科技园的政策支持下，陈东的创业之路正在有序发展。下一步，他将在产学研上与母校开展更多的合作，用实际行动助力学校建设发展。

自母校校友会成立以来，陈东一直任校友会副秘书长，2022 年校友会换届之际，承载着母校、广大校友的信任，陈东当选为沈阳校友会副会长兼秘书长。他时刻心系母校，用实际行动回馈母校。2014 年，他以个人名义为 10 名学生捐助了 2 万元助学金；2022 年，在新冠肺炎疫情防控的特殊时期，当陈东得知母校需要校友帮助时，他主动为学校捐赠了 2 辆摆渡车，爱心巴士也成为校园里的一道亮丽风景。陈东说，今后他力争把校友会做得更好，为学校创建一个集感情沟通、信息交流、合作共赢为一体的沟通平台，为母校的高质量发展助力前行。在陈东等校友的感召下，学校设立了"共产党员爱心捐助平台"，号召全校师生为家庭困难学生捐款，3 天内收到爱心捐助达 10.8 万元，解决了 100 余位家庭困难学生的暑假返家路费。

凭借着母校严谨治学的作风和严格管理下培养出来的扎实认真、吃苦耐劳、组织纪律性强等优秀素质，陈东在多个行业、企业行稳致远，得到了业界的认可，为国家的能源电力事业发展贡献了沈阳电专人的智慧和力量；同时他心系母校，润己及人，尽自己的力量助力母校建设发展，成为报效桑梓优秀校友的代表。

精益求精铸匠魂
巾帼英姿展风采
——记国网辽宁公司首批电网工匠郭建双

郭建双

（1971 年生）

———

女，中共党员，沈阳电力高等专科学校发电厂及电力系统专业 1993 届毕业生。现任辽宁锦州供电公司计量中心检验检测班班长、高级培训师、高级考评员，国网辽宁省电力有限公司优秀生产技能专家，国家电网有限公司劳动模范。

———

◎ 郭建双为申请校验客户检测电能表

她的双手检测过上万块电能表，她的足迹走过上百条大街小巷……工作30年来，高质量完成每一项工作任务，是郭建双对自己提出的要求，她也一直这样坚持着，从初出茅庐的检验检测班员、技术员成长为独当一面的能工巧匠。她刻苦钻研电能计量装置的检验检测技术，经她检验检测的电能计量装置无一差错。同时，作为班组长的郭建双，一直认为一个人的成功不叫成功，成功需要团队的力量。多年来，她坚持把自己积累的经验、技能毫无保留地与大家分享，带出了一支电能计量战线上的"巾帼精英团队"，她曾带领这支团队5年完成130万只智能表检定任务，无一事故，并创下了日检定电能表量3000只的历史性纪录。她所在的检验检测班先后获得了全国质量信得过班组、国家电网有限公司工人先锋号等多项荣誉。

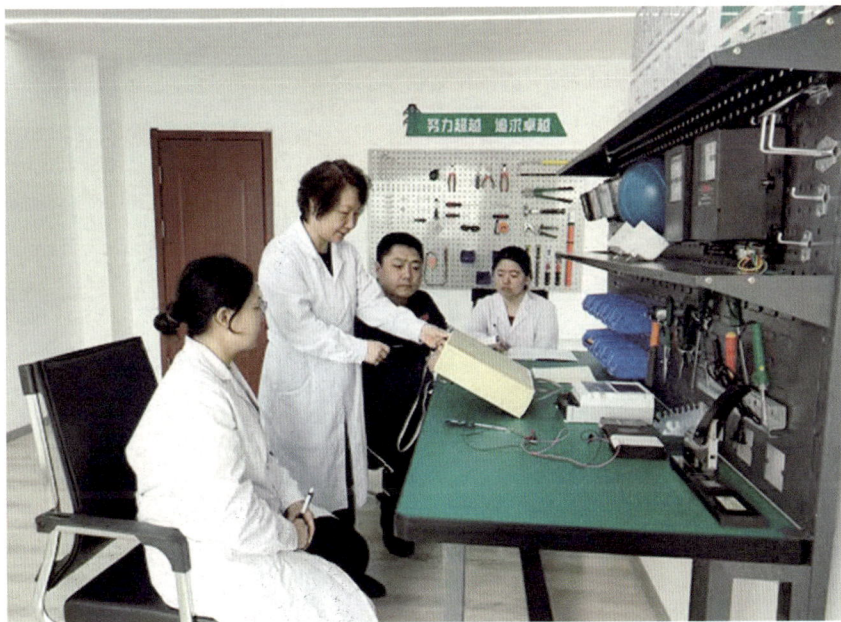

◎　"郭建双职工创新工作室"成员进行研讨

深耕专业，技术精湛

用户申诉表的检定工作关系到公司的客户服务工作质量。多年来，郭建双鉴定用户申诉表 5000 余只，从未发生一起客户投诉案件，过硬的技术受到同行的认可。每当遇到有现场用电异常时，用大家的话说"郭工来了，我们心里有底"。2020 年反窃查违期间，郭建双在现场准确找出了 35 只有异常的智能电表，为企业挽回经济损失 150 万元。

聚焦一线，矢志创新

聚焦探索智能电表检定检测技术的革新，郭建双已经主持完成省部级科技进步项目 2 项；国家级和省部级质量控制成果项目 7 项，地市级企业管理成果 7 项；获得国家实用新型专利项目 5 项。主持安装调试设备 5 台。其中，质量控制成果"提高计量检测安全防护围栏性能"，规避了外来人员进入试验室的危险，杜绝了工作人员的误操作，提升了安全指数。专利项目"一种单相电能表检测装置"，有效解决了现场检测装置运行基本状况。多年来，郭建双所拥有的实用新型专利已累计创造经济效益 800 余万元。

三十载春华秋实，郭建双出色的业务能力、技术创新能力在职业生涯中绽放出绚丽的光彩，取得了

◎ 郭建双荣获国家电网有限公司劳动模范称号

一个又一个丰硕的果实。她先后获得了优秀班组长、国网辽宁省电力有限公司首批电网工匠、优秀服务明星，锦州市三八红旗手，锦州市第六届优秀科技工作者等荣誉称号。面对这些成绩和荣誉，郭建双谦逊地说："科研对知识体系的要求严而且深，我所取得的成绩离不开母校老师们给予我的帮助和指导，通过大学三年的学习，我的专业知识储备充实了很多，特别是母校为大家创造的各类科技创新实践平台，使我有机会在专业理论与实践上得以深造，收获更多的科研方法与技能。"

倾心奉献，薪火相传

奋勇前进，永不止步。郭建双正继续奋斗在她的人生路上，作为公司兼职培训师、国网公司高级考评员，她已连续 10 年为辽宁职业技能鉴定站电能表修校专业等工种进行高级技师考评工作；连续 3 年承担省公司新员工岗前培训实操教学工作，培训学员 1000 余人。她在技术方面毫无保留，尽自己最大努力，将工作经验和专业技能传授给参与培训的学员，让学员清楚认识到检验检修的重要性和必要性，让学员真正去理解，然后去认同，去做好本职工作。

千里始于足下，高山起于微尘。工作是干出来的，事业是拼出来的。无论什么时候，创造奇迹、实现梦想，都离不开勤勤恳恳的付出和兢兢业业的投入。郭建双在平凡的工作岗位上，干一行、爱一行、钻一行、精一行，脚踏实地，甘于奉献，视企为家，用实际行动为我们树立了职业精神、职业素养的榜样。她常说的一句话就是："一个人为自己的家庭做事，从来都是任劳任怨，企业就是我的家。"郭建双是优秀的劳动模范、"电网工匠"，同时她也是国家万千电力建设者中的普通一员，默默耕耘在电力工作战线上。只争朝夕，不负韶华，郭建双用实际行动书写着勇于创新、不忘初心的巾帼风采。

爱岗敬业争一流
艰苦奋斗勇创新

——记全国五一劳动奖章获得者范晓英

范晓英

（1971 年生）

——

女，中共党员，沈阳电力高等专科学校电厂热能动力工程专业 1994 届毕业生。高级工程师，现任内蒙古京能盛乐热电有限公司经理。

——

"每个成绩都有不为人知的艰辛，在我这里没有差不多就行了这一说。"这是在沈阳工程学院 2022 年秋季"开学第一课"上，作为唯一一位受邀担任主讲嘉宾的女电力人，对工程学子说的话。她就是沈阳工程学院优秀校友范晓英。在从业 29 年的时间里，她从汽机运行辅机值班员做起，历任汽机运行司机、专业工程师等一线技术岗位职务，在发电、生技、设备、安监这些部门先后担任重要职务。从运行值班员到多个生产部门的负责人，再到资深经理，10 次岗位变迁生动地勾勒出最美电力人的光辉形象。

求学电专选择热动，严实相济知行合一

1991 年 9 月 16 日，第一次离开家乡的范晓英，从内蒙古自治区丰镇

市来到了当时位于辽宁省沈阳市长江街 134 号的沈阳电力高等专科学校，开始了她第一次的住校生活。谈起当年为什么选择电专，选择热能动力工程专业这样一个对于女生来说颇为硬核的专业，范晓英仍然记忆犹新。当年的高考，她考了 481 分，而内蒙古的专科分数线是 464 分，本科线降分后正好是 481 分，她完全可以报考一些本科院校，选择一些相对来说更适合女生的专业。但她毅然决然地选择了沈阳电专。她说："当时无论是校风校纪还是教学质量上，沈阳电专都是一所一流的、很有名气的学校。"这所学校的毕业生在电厂在企业都特别受欢迎，评价很高。因此，她义无反顾地选择了这所好专科。至于为什么选择了热动专业，范晓英更是如数家珍：热动专业包括锅炉和汽轮机，锅炉就是用燃料的热能将水加热成过热蒸气，然后过热蒸气再驱动汽轮机转动，带动发电机切割磁力线去发电。锅炉和汽轮机是发电企业特别重要的专业，她想在这两个专业上好好发挥自己的才干，作出自己的贡献。

抱着学一门实实在在的技术去报效祖国的愿望，范晓英开始了沈阳电专的学习生活。初到学校，给她留下深刻印象的是学校严格的校风校纪。一个寝室住 10 名同学，每个人的洗脸盆、地上的鞋都要摆成一条线，被要叠成豆腐块，当时有一个标准，叫做"五条线、六面光"。老师教学特别严谨，无论是课堂教学，还是实验、毕业设计，都十分细致，教给了她很多工作方面不可或缺的知识。热动专业课程多，难度大，女生很少，她在老师的严格要求和精心培养下，认真学习每一门课，克服了学习上的一道道难关，三年的在校时间里，没有一门课程补考过。这看似平常，可是要知道，在以治学严谨著称的沈阳电专，没有一门科目补考对于大部分学生来说都很不容易，而范晓英却做到了这一点。

踏实肯干又专又实，锐意改革是旗必夺

1994 年，范晓英离开了学习生活三年的母校，被分配到丰镇发电厂从事汽机运行工作。仅用一个月的时间，她便独立值班，主动承担起了司机助手的部分职责。参加工作一年后，她被提岗为司机助手，是当时 3000 多人的丰镇发电厂唯一技术岗位女助手。从走出校门到在工作岗位独当一面，她是如何在短时间内适应这种角色转变的？学校的理论和实践教育在其中起到了什么样的作用？范晓英校友说，发扬学校踏实肯干的优良作风，只要你想干、肯干，就一定能够干好，就一定能够得到大家的认可。当时的电厂职工中，大专生都不多见，主要还是技校生为主，他们在理论上相对薄弱。比较而言，接受过沈阳电专系统教育的她，便有了理论优势。比如在流体力学中非常著名的伯努利方程，就是当时学校学习的重点难

© 2017 年范晓英在京能盛乐热电机组高背压供热改造现场工作照

点，运用伯努利方程，她帮助司机和司机助手分析和解决工作中遇到的许多难题。慢慢地，她逐渐成为技术骨干，别人解决不了的难题在她面前都迎刃而解。又专又实之外，晓英校友还特别提到了电专人的一个品质——勤奋。每个人的一天都是24小时，别人去休息去玩了，多花点时间去研究去琢磨工作，一天两天体现不出来，时间长了，学到的知识多了，做出的成绩也就多了。

2003年10月，她从司机岗位被抽出参加全能值班员培训，为丰镇电厂三期培养人才，2004年4月正式调入丰镇电厂三期，就是现在的京能京隆发电公司，进行2台600兆瓦机组建设前期准备。2006年4月，她被任命为发电部汽机专工，是当时唯一女专工。2009年，她竞聘成为生产技术部节能中心主任，2011年后担任生产技术部副部长，一朵"铿锵玫瑰"在发电厂灼灼其华。2013年，她被调入内蒙古京能盛乐热电，任设备部副部长兼汽机专工，开展了十项优化工作，不仅降低了工程造价，而且为机组经济运行奠定了基础。基建现场工作条件差，她常常将大大的图纸铺在会议室地板上细细查看，常常因为查设备结构、保护定值、设备安装而费尽周折，但她从来没有叫苦叫累。除氧器就位，范晓英进内部查结构，刚进去就因为里面涂满了防腐油摔倒了好几次，只好出来，但没看清内部结构又不甘心，于是想办法再进去。同事劝她说："别进去了，全都是铁管、铁壁，碰伤了不值得。"较真儿的范晓英不听劝阻，她将白布绑在鞋上又一次进去了，出来后满身是油，在她的信念中，认为这是汽机专工必须做的，只有清楚内部结构将来发生异常才能准确判断、正确处理。

范晓英还发挥带头人作用，率领团队为企业创新发展作出了优异贡献。京能盛乐热电以她的名字命名成立了"范晓英创新工作室"，在电厂科技创新、节能环保、增收节支等领域深入开展技术研究应用。多年来，凭借孜孜不倦的进取拼搏，工作室先后获得省部级以上科技奖励的成果1项，获得全国行业级科技奖励的成果 14 项，获得企业级科技奖励的成果 24 项，产生的经济效益超过 1 亿元。

◎ 范晓英创新工作室在进行项目研讨

2019 年 8 月，担任京能盛乐热电安全监察部部长后，范晓英深知安全责任重大。她认真组织查隐患、查违章，对现场发生的不安全事件，认真组织分析，制定针对性安全措施，进一步提高了机组的运行稳定性。2021年 11 月，她的岗位调整为资深经理。范晓英没有像大家想的那样放松对自己的要求，而是继续为创新发力、为节能拼搏。

春华秋实，踏实的作风和勤奋的工作换回的是沉甸甸的荣誉。2011 年，她荣获全国五一劳动奖章、京能集团"金点子"员工、京能集团首批"三八"红旗奖。范晓英创新工作室 2018 年、2019 年、2021 年均被评为京能集团"优秀创新工作室"，2019 年被评为呼和浩特市"职工创新工作室"。2019 年，她荣获了呼和浩特市"五一巾帼标兵岗"等称号。谈起这些荣誉，范晓英对学校满怀感激之情，沈阳电专教给她一个理念：做就必须要做好。作为一名沈阳电专的毕业生，不能让别人说你不行，这是一种身为电专人

"创一流、争排头、锐意改革、是旗必夺"的情怀……

◎ 范晓英荣获全国五一劳动奖章

扎根基层甘奉献
守护电网保安全

——记全国五一劳动奖章获得者李英锋

李英锋

（1973 年生）

———

男，沈阳电力高等专科学校继电保护专业 1994 届毕业生。现任国网铁岭供电公司检修分公司二次检修室变电二次运检二班班长。全国五一劳动奖章获得者，辽宁省劳动模范，国家电网公司特等劳动模范。

———

李英锋毕业于沈阳电力高等专科学校，1994 年参加工作至今，他 30 年扎根继电保护一线，逐渐成长为既有实践经验又有理论功底的技术专家。他用精湛的技术和经验，换来了电网安全稳定运行的丰硕成果，他带领班组维护的 27 座变电站继电保护定检率、正确动作率、一般缺陷与重大缺陷处理率全部达到 100%，做到运维零事故，被称作电网安全运行的"守护神"。

班组学习，勇创先锋

2009 年 6 月至今，李英锋在运检班长的岗位上一干就是 14 年，许多与他同龄进入公司的人已经成为公司的高层管理者，但是李英锋却主动要求扎根一线，凭借着对岗位的热爱和不断的学习，他把自己的班组带成了集团的传奇。他的班组培养出了 11 名中层管理者和 6 名优秀班组长，班组先后荣获全国"工人先锋号""青年文明号"，辽宁省"优秀班组"，国家电网公司"工人先锋号"，辽宁省电力公司"工人先锋号""十佳班组"等称号。谈到他带班组的成功秘诀，李英锋觉得是不断地学习为他带来了底气和荣誉。为了让员工养成随时学习的习惯，他为班组建设了宽敞明亮的资料阅览室，收集了专业书籍、文学经典、人物传记等 550 余册，各类报刊 20 余种，为员工学习充电搭建了平台。为了提高班组专业技能，他组织大家开展"创建学习型班组，争做知识型员工""班组大讲堂"等活动，让员工自己选题精心备课，一人讲、大家谈，现场解决业务难题。在他的班里没有领导与下属之分，只有师徒、朋友加兄弟的称谓，在他的带动下，班组学出了硬实力，带出了人才梯队，也凝聚了团结互助的精神。

◎ 李英锋作业前检查工作票

李英锋在沈阳电专就读期间担任过班级团支部书记，是支部书记工作培养了他出色的组织能力。在校期间，他每周都会组织一次班级组织生活会，单周政治学习，双周班级自己活动，李英锋组织召开的组织生活会还曾获得学校电力系评比一等奖。如今，李英锋还编导拍摄了《铁岭220千伏变电站母线保护例行试验》教学片；他编制的《继电保护专业典型缺陷速查手册》为专业检修人员处理复杂缺陷提供参考；他指导撰写的典型经验《深化二次设备缺陷管理，筑牢电网安全运行防线》被国家电网公司收录到典型经验库；他制作的继电保护各项工作流程，被省公司调度控制中心推广应用。

磨炼技术，安全运维

李英锋自参加工作以来坚持扎根班组一线，从一名普通技术工人逐渐走到班长岗位，将自己磨砺成为公司继电保护专业的带头人。在沈阳电专学习期间，李英峰就充分利用学校提供的到元宝山发电厂、铁岭发电厂以及辽阳500千伏变电站实习实训的机会，努力学习专业知识，增强自己的实践能力。他还积极参加学校组织的社会实践，他的足迹遍布沈阳各大工厂及乡村，如双喜压力锅厂、汽车制造厂等，视野的开阔和他对实践技能的积累使他在公司很快就胜任了自己的技术岗位。李英锋说，继电保护专业技术性非常强，更新换代非常快，在学校学习的仅仅是基础，但是非常关键，特别是配线实习对今后的工作支持很大。

长年在一线工作，使他对安全生产有着近乎苛刻的执着。他经常对员工说："安全是企业的生命，是家庭的幸福，是一种责任，更是一种态度，容不得半点马虎。"多年来，他和班组参与维护、改造、新建的变电站遍布铁岭、开原、西丰、昌图等地，班组7名员工承担运维的27座变电站继电保护定检率100%，正确动作率100%，一般缺陷与重大缺陷处理率

100%，十年运维无事故，被誉为电网安全运行的"守护神"。在"守护神"的背后，凝结的是辛苦和责任，是智慧和汗水。他曾冒着狂风暴雨、连夜驱车到离市区60公里外的变电站处理220千伏主变隐患；记不清他把多少个节假日和休息日变成了自己的工作日，他用与家人的聚少离多换来了万家灯火团圆。每次接到任务，李英锋都要细致梳理，并带领工作负责人实地勘查现场，对现场的作业环境、设备带点情况等做详细记录，工作开始前认真完成安全及技术交底；每次完成作业后及时召开班后会，实行作业"违章约谈"，指出存在问题，查找不足。无规矩不成方圆，他把在实践中积累的经验写入制度，建立了不同重要级别的绩效考核体系和管理流

◎ 李英锋（右一）参加共产党员服务队资助困难学生

程，明确工作步骤和关键时间节点，规范班组全员绩效管理。他带头开展"轮流当班组长"活动，使管理过程更透明化，决策更公开化，班组长工作得到员工的理解和支持。一分耕耘，十分收获。担任一线班长十余年，他本人荣获了全国五一劳动奖章，辽宁省劳动模范，国家电网公司"特等劳动模范""优秀班组长"，辽宁省电力公司"劳动模范""优秀班组长""共产党员标兵"等荣誉称号。

守正创新，引领示范

为了能够带动年轻人一同进行科研创新，2014 年 8 月他成立了"李英锋劳模创新工作室"。李英锋说："把科技创新作为撬动班组深化学习、提高技能的一个支点，培养人才、熔炼团队。"工作室有成员 20 余名，平均年龄 33 岁，涵盖输电、变电、配电、信通等 7 个专业，成员全部为大学本科及以上学历，是一支高素质高学历团队。工作室积极发挥劳模、专家、优秀班组长示范作用，宣传劳模精神，以点带面，辐射全公司，推动全员参与创新。李英锋以劳模创新工作室为平台，在 2017 年 3 月成立了"英锋青创学社"。该学社以解决生产工作实际问题为出发点，以项目课题研究与应用为载体，通过寓学于思、化思而行，凝聚青年员工智慧与力量，提高自身的业务技能和综合素养，成为公司正能量的引导者。

截至目前，李英锋劳模创新工作室和英锋青创学社共完成研发成果 28 项，取得国家专利 12 项，省级科技奖励 9 项，撰写论文 10 篇，拍摄宣传片 2 部，教学片 1 部，为企业发展提供了强劲的人才支撑。因此，"英锋青创学社"2015 年被辽宁省总工会命名为"省级劳模创新工作室"，"李英锋劳模创新工作室"2018 年荣获国网公司"劳模创新工作室示范点"称号。

李英锋回忆说，在沈阳电专的学习是一段很珍贵的经历，虽然学习很

◎ 李英锋劳模创新工作室

辛苦很枯燥，但是学校近乎军事化的管理锻炼了他严谨的工作作风，特别是在他心中埋下的"努力扎根一线、发自内心热爱本专业工作"的种子让他受益匪浅。习近平总书记指出，一代又一代的劳动模范和先进工作者、先进人物，是我国劳动人民的杰出代表，是祖国和人民的骄傲。从学校的团支书成长为公司的学习型班长，从普通的技术工人磨炼成安全运行专家，从个人劳模到带动青年人的科研创新能手，李英锋用实际行动诠释了"爱岗敬业、争创一流、勇于创新、甘于奉献"的劳模精神。李英锋表示，他将怀揣技术报国的梦想，继续扎根供电检修一线，为国家电力系统的绿色可持续发展作出更大的贡献。

崇尚科学技术创新
一日校友一生情怀
——记深耕热工计量领域的王必军

王必军

（1975 年生）

———

男，沈阳电力高等专科学校计算机专业 1997 届毕业生。现任泰安磐然压力仪器有限公司法人、总经理，沈阳工程学院山东省校友会会长。

———

1994 年，怀揣新奇、激情和梦想，农村孩子王必军走进了沈阳电力高等专科学校求学。在沈阳电专"严在当严处，爱在细微中"的教育理念熏陶中度过了充实的三年大学时光，铸就了他坚毅的性格，严谨、吃苦耐劳的良好品质，遇到了多位良师益友，为他日后在科技创新和研发方面取得骄人成绩深植了厚土。

◎ 王必军（四排左二）大学毕业合影

勇于创新，自主创业

1997 年大学毕业，王必军被分配到中国水利水电第六工程局。按着当时的就业形势，能够在国企任职，工资收入颇丰，已经是很令人羡慕的事情了。但他不甘于现状，母校"勤奋、严谨、创新、报国"的学风以一种润物细无声的无形力量，时时在他内心激荡，他要自我突破，要科技创新。2001 年初，王必军辞职离开了水电六局，正式成为一名"北漂"。经过三年的努力打拼，2004 年 7 月他创办了北京中科赛尔科技有限公司，致力于压力仪表和液位仪表计量校准设备的研发、生产及销售。创业初期艰难困苦接踵而至，资金短缺是首要难题。为了筹集启动资金，他四处奔走，资金问题解决后，又面临着人才短缺的困境。由于公司刚刚起步，知名度不高，很难吸引到优秀的人才，为了留住人才，不得不提高工资待遇，改善办公环境，同时加强对员工的培训和职业发展规划。经过一番努力，终于组建了一支相对稳定的团队。产品研发是他创业过程中的又一道难关，由于经验不足，在研发过程中遇到了许多技术难题。为了解决这些问题，他们查阅了大量的资料，请教了许多专家和同行，进行了无数次的实验和测试。经过艰苦努力后，终于成功开发出了第一代产品。回首创业初期的那段日子，虽然充满了艰难困苦，但是他从未放弃。正是这些挫折和困难，让王必军不断成长和进步。

百炼成钢，突飞猛进

王必军时常想起母校老师们面对事业的严谨和排除万难解决问题的执着追求，他感悟道："创业就是不留后路地让自己全力以赴，创业的过程会经历挫折，但坚持对梦想的追求，成功便指日可待。"经过几年的不懈努力，由王必军本人设计的5款液位仪表计量校准设备，获得了1项国家发明专利、2项实用新型专利。他创办的企业也因此发展成为国内唯一一家可以全面提供各类液位仪表计量校准设备的企业，产品应用于质量监督、冶金化工等领域，占据了全国70%的市场份额。

观念创新，企业迭代

观念的创新是一切创新的先导，为了企业更加优化升级发展，2017年3月，王必军携所有压力仪表计量设备技术加盟山东磐然仪器集团有限公司，并出任泰安磐然压力仪器有限公司法人、总经理。众所周知磐然是热工仪表计量行业中温度仪表计量校准设备的知名品牌，在质检、军工、冶金、化工、电力等行业方面颇具盛名。王必军本人及所携压力仪表计量设备技术的加入，完美填补了磐然在热工仪表计量检定行业无压力仪表计量校准设备的空白及市场推广中存在的短板。近几年，山东磐然仪器集团有限公司每年市场销售额都在7000万左右，稳居行业第二。

"出身平凡，不坠青云；创业艰难，不可奢华；努力不懈，不可安逸"，这是王必军的自勉。作为压力设备产品研发的主要负责人，王必军始终致力于公司产品的升级改造，他研发的一系列压力仪表计量校准设备，先后申请了10项实用新型专利，6项软件著作权，产品通过欧盟CE认证，远销至30多个国家。磐然压力仪器有限公司也于2020年被评为"国家高新技术企业"。

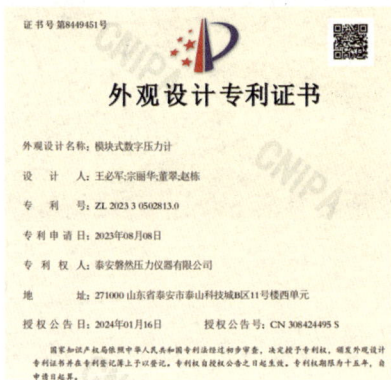

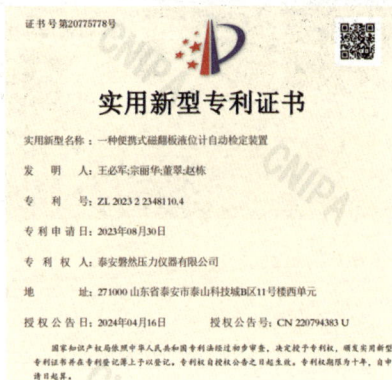

◎ 王必军部分发明专利证书

不忘初心，回馈母校

2019年8月沈阳工程学院山东校友会成立，作为勇于实践，敢于担当，具有"感恩、责任、忠诚、奉献"品格和创业精神应用型人才的王必军被选任山东省校友会会长。王必军心怀母校、情系校友，将山东校友会工作稳步推进，搭建了宽广的平台。2019年11月，王必军携手山东磐然仪器集团有限公司与沈阳工程学院共建"磐然热工仪表实验室"，王必军本人以集团名义向母校捐赠了价值40余万元的热工计量校准设备，为在校生提供了先进的前沿的实验设备和实践环节，对母校人才培养和建设倾情支持。

◎ 磐然热工仪表实验室

　　每每谈到如今的成就，王必军总是感叹"母校培育了无数学子，如今曾经的学子在祖国的大江南北建功立业，要以赤子之心守望和关爱着母校的建设与发展，关爱着母校未来学子的成长"。一日校友，一生情怀，王必军愿为母校发展持续助力。

科研攻关助创新
国企管理促改革

——记国电集团电力集控运行正高级工程师
陈铁锋

陈铁锋

（1973 年生）

————

男，中共党员，沈阳电力高等专科学校电厂集控运行专业 1998 届毕业生。现任国能宁夏石嘴山发电有限公司党委书记、董事长，正高级工程师。国电集团电力集控运行高级专家，国电集团一级奖章获得者。

————

他 20 余年扎根国家能源电力行业，从单元长做起成为国企高管，他钻研技术助力企业科研创新，加强经营管理促进国企改革。他先后获得国电集团优秀员工、国电一级奖章，2 次获得国电电力科技进步奖，1 次获得中国安全协会二等奖，获得实用新型专利 1 项，在国内核心期刊《中国电机工程学报》以第一作者发表论文 2 篇、以第四作者在 SCI 发表论文 2 篇，他就是国电集团电力集控运行正高级工程师陈铁锋。

扎根电力，奉献青春

在最初工作的十年里，陈铁锋把电厂集控运行专业所学到的知识运用到实际工作中，并不断积累一线工作经验。从辽宁清河电厂发电分厂集控单元长到太仓港环保发电有限公司发电二部集控机组长，从岱海发电有限责任公司发电分公司集控机组长到国电电力庄河发电公司汽机运行高级主管，每走过一个单位、一个岗位，他都把沈阳电专人对技术的执着、对岗位的热爱带到那里，并通过扎根岗位、刻苦钻研和良好的工作业绩得到了单位领导和同事们的好评。在这期间，他荣获了集团公司"168"技能人才、公司优秀党务工作者等称号。

◎ 陈铁锋（右）在作业现场

科研攻关，报效国家

2009年起，在国电电力庄河发电公司工作期间，陈铁锋开始在经济运行技术研究方面崭露头角。为降低企业生产成本，他牵头开展了性价比更高的褐煤掺烧探索试验工作，经过两年的不懈努力，通过技术升级改造，褐煤掺烧比例从最初的30%逐年提高,实现了机组45万负荷以下时全烧褐煤、满负荷时76%褐煤掺烧的好成绩。2013年,陈铁锋获得集团优秀员工荣誉称号,并获得"国电一级奖章"。

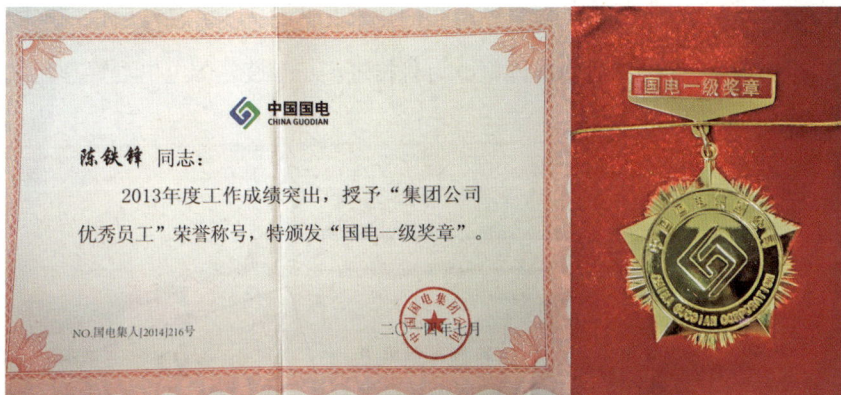

◎ 陈铁锋获得"国电一级奖章"

到2015年的12年间,公司全年掺烧率已达到91.6%,累计掺烧褐煤1500万吨,节约燃料成本约8亿元。几年中,他先后策划技术改造30多项,其中凝汽器双背压改造、真空泵冷却水改造、低加系统疏水改造等项目,为机组经济运行发挥了重要作用。在不断的生产实践中,他逐渐认识到个人知识储备和企业技术升级的重要性,2010年至2012年,他在职完成了西安交通大学热能与动力工程专业本科学习;2013年至2017年,他完成了在职东北电力大学项目管理领域专业工程硕士学位学习。这两次学习深造,为他今后的技术研究以及成为电厂集控运行专家奠定了坚实的基础。

2014年至2016年,在国电电力大连庄河发电有限责任公司任职期间,他主持技术攻关,在国内首次实现超临界600兆瓦燃煤机组最低调峰能力达到25%额定负荷,填补了国内超临界机组参与电网深度调峰的技术空白。自 2014 年至今，通过机组深度调峰为庄电公司获得调峰补偿收益近 9 亿元。2017 年后，与其他技术人员共同研究实现了 1000 兆瓦火电机组深度调峰值 27% 额定负荷的技术突破，形成了 1000 兆瓦超超临界燃煤机组科学调峰的整套技术路线。2021 年调入平罗公司后，他继续进行深度调峰技术探索，现已形成了一套科学可行的技术改造方案，并已经取得国家能源集团认可。他还先后获得国电电力科技进步三等奖，国电电力管理创新三等奖。

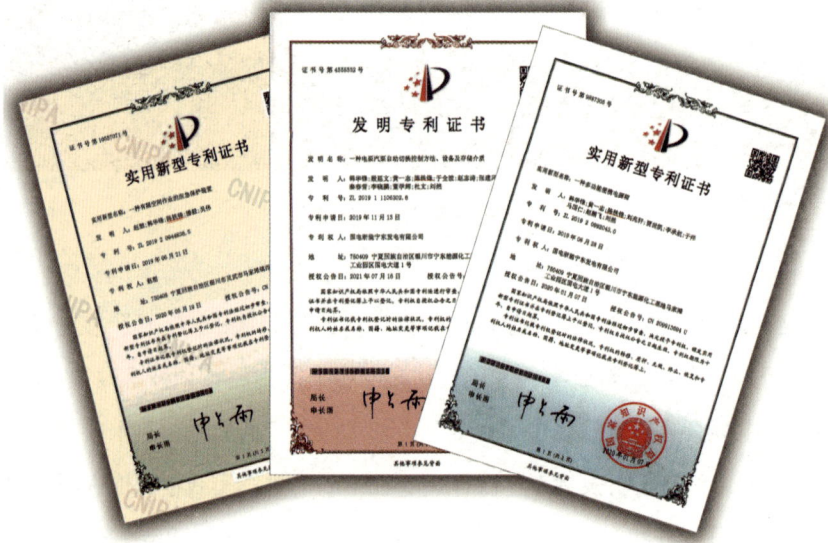

◎ 陈铁锋部分专利证书

优化管理，创效公司

成为公司高级管理成员后，陈铁锋不仅主持技术攻关，还将目光转向了公司的经营管理和安全生产管理。2016 年底，他以东西部干部交流方式调到国电浙能宁东发电有限公司任职，担任总工程师，牵头完成了生产人员培训、生产体系搭建、生产制度编写、机组试运等工作。自2021年起，在平罗公司担任生产副总经理期间，他全面加强安全生产过程管理，搭建了三级生产管理体系，绘制了安全监督体系、安全管理体系网络图，有效保证了安全生产秩序；顺利完成生产人员定岗定级工作，每天亲自主持生产例会及调试例会，及时有效布置生产任务、解决生产问题、协调生产关系，极大地调动了生产员工的工作积极性，提高了生产工作效率。2022年在平罗公司担任总经理期间，他锚定经营创效、扭亏治亏目标，紧抓电力市场交易，电价调增成效显著。他时刻关注电网负荷曲线走势，紧盯月度竞价、日融合交易走向，结合计划与生产实际情况进行增减仓交易操作，以"32字"电力营销策略指导发电、以"三到位一保障"为保供基础、以"两表"深挖机组潜能增效，引导生产部门不断优化机组运行调节，实现公司效益最大化。

路虽远行则将至，事虽难做则必成。20余年在国电集团工作，陈铁锋获得的荣誉无数，但无论取得怎样的优异成绩，他始终初心不改，永远铭记和传承沈阳电专赋予他的扎根岗位、刻苦钻研、技术报国的优良传统。在今后的工作道路上，他仍将踔厉奋发、勇毅前行，为国家能源电力事业，为建设一流火电企业赓续奋进的力量。

创业打拼聚能量
家国情怀报社会
——记电力行业企业家迟成斌

迟成斌

（1974 年生）

———

男，中共党员，沈阳电力高等专科学校供电技术专业 1998 届毕业生。现任沈阳华运天成科技有限公司董事长及沈阳量子能源有限公司董事长。沈阳市工商联执委、上海市辽宁商会副会长、辽宁省上海商会副会长，沈阳工程学院"量子能源奖学金基金"设立者。

———

作为沈阳华运天成科技有限公司创建人、董事长，迟成斌和许多沈阳电专的校友一样，从基层的车间工人做起，最终走上了自己的创业之路。带着母校的历练和学识一路走来，创业成功仍不忘回馈社会，无论走得多远都饱含母校情怀，迟成斌用自己的行动诠释了一名电力人的责任和担当。

严爱相济，锤炼品格

1995 年，迟成斌考上了沈阳电力高等专科学校供电技术专业。和所有电专学子一样，回忆母校生活他首先想到的就是"严在当严处，爱在细微中"的教育理念和半军事化的日常管理。"严"在知识传授时的严谨治学、一丝不苟,"严"在锤炼品格中的严格管理、高度负责;"爱"在健康成长中的关心帮助、春风化雨,"爱"在人生道路上的为人引路、为事航标。迟成斌至今还记得在他担任校学生会主席期间,带领同学们走访帮助贫困生的经历。那些家庭贫困的同学给他留下了难以磨灭的印象,每一名贫困学生都饱含着对美好生活的向往,每一名贫困学生都是一个家庭的希望。他当时就下定决心,不能让这些同学没有书念。回校后,他就开始组织校内师生捐款捐书捐物,帮助这些家庭困难的同学,让他们后顾无忧、安心地在校园里读书学习,也让他们懂得珍惜每一次人生转折的机会,努力学习,做对社会有贡献的人。迟成斌回忆说,三年的校园生活不仅学习了专业技术知识,更涵养了他的乐于奉献、扎实敬业和勇于开拓的创业精神。

怀揣梦想,励志前行

大学毕业后,迟成斌第一份工作是电器设备厂车间工人,万事开头难,要成长就要从基层做起。经过十几年的打拼,他从车间工人升职为公司副总,从民营企业主管成为上市公司区域负责人,再到自己创业和经营公司十几年,他最大的体会是"成事是一生的修行",修的是对事业的执着,修的是对社会的大爱。

2011 年,迟成斌创立了沈阳华运天成科技有限公司,注册资金 2000 万元。从职场老兵到创业新人,创业初期所有的工作都得亲力亲为。为了保障日间电力供应,很多工程都是夜间施工作业,挑灯夜战是常有的事。为了不出一丝差错,他每晚都会与现场作业的施工人员、技术人员一起探讨流程、修改方案,保证项目按时交付。每当送电成功,看到万家灯火时,他感觉从事的不仅仅是一份事业,更是一份使命和责任,这让他对接下来的路有了更加清晰的方向，他也坚信自己一定能够做得更好。带着电力人吃苦耐劳、严谨认真的精神，他的公司成立短短6年就快速发展壮大，拥有了百余人强大的工程设计和安装队伍。到2017年，公司已经在上海、深圳、浙江、河南、湖南、内蒙古、吉林等地设立了分支机构。先后承接了焦作市南水北调苏蔺水厂配电工程，深圳市罗芳污水处理厂配电工程，东北电网公司通信调度楼工程、云峰发电厂太平湾发电厂配电改造工程，经过他和公司团队的共同努力，各项目均按期优质验收，得到了客户的一致好评，被上级主管部门评为"优秀企业"和"建设单位放心企业"。

经过十几年的艰苦创业，迟成斌和他的技术团队也获得了多项实用新型专利，公司业务范围由电力施工、智能化系统集成向新能源、节能等领域拓展创新，目前具备承装（修、试）电力设施许可证和电子与智能化工程专业承包、建筑机电安装工程专业承包、输变电工程专业承包等高

◎ 迟成斌部分实用新型专利证书

级资质。迟成斌也获得了长三角辽商突出贡献奖、年度发展贡献奖。2019年至今，他的公司先后被评为高新技术企业、创新企业奖、科学技术优秀企业。

家国情怀，回报社会

创业上的成功使他获得了更多的社会认可和更多的荣誉，想到能有今天的成绩都源于母校的培养，迟成斌越来越想尽自己的微薄之力回报母校。作为沈阳校友会副会长，他怀揣着对母校的深情厚爱，曾多次参与学校的捐资助学活动，并于2017年4月在母校设立了与他公司同名的"量子能源"奖学金基金，激励那些品学兼优、自立自强的优秀学生，帮助他们顺利完成学业，也为学校"蒲公英计划"奉献出一份力量。同时，他自己的公司为母校学子提供实习岗位，让他们到企业中学习成长，如今公司中已有多位中层干部都是母校的优秀毕业生。

迟成斌说，母校对他的影响是潜移默化的，他甚至将学校"严在当严处，爱在细微中"的教育理念带到自己的公司，关注员工成长，乐于成就公司员工。2020年，突如其来的疫情席卷全球，我国经济也面临困难时刻，迟成斌的公司受到波及无法正常运营。在如此艰难的情况下，他坚持公司不裁员，与员工同呼吸共命运，一起渡过难关。他回忆说，让他坚持走下去的不仅是对亲手创建的企业的热爱，更是母校传承的电力人的精神时刻激励着自己——不抱有一丝幻想、不放弃一点机会、不停止一日努力。就是这种精神让他带领公司在疫情中存活下来，并让公司重新步入正常轨道。他用实际行动践行着一名企业家回馈社会的使命和担当。

企业的生命力在于创新，创新的动力源自企业家精神。2023年3月6日，习近平总书记看望参加十四届全国政协一次会议的民建、工商联界委员时勉励大家，要"弘扬优秀企业家精神，做爱国敬业、守法经营、创业创新、回报社会的典范"。饱含爱国情怀、勇于创新、诚信守法、承担社会责任，迟成斌用自己的行动诠释了一名电力人的责任和担当。如今的迟成斌还担任多项社会职务，沈阳市工商联执委、上海市辽宁商会副会长、辽宁省上海商会副会长、沈阳市营口企业商会常务副会长……但无论走到哪里，他都是那个创业成功仍不忘回馈社会，无论走得多远都饱含母校情怀的优秀校友。

不断超越自我
潜心教书育人

——记坚守教学科研一线的博士生导师刘铁

刘铁

（1975 年生）

———

　　男，中共党员，沈阳电力高等专科学校热能动力专业 1999 届毕业生。现任东北大学材料电磁过程研究教育部重点实验室教授、博士生导师。中国金属学会电磁冶金与强磁场材料科学分会秘书长，《铸造技术》《上海金属》杂志编委。

———

　　没有惊天动地的壮举，也没有轰轰烈烈的感人事迹。刘铁用行动践行着"把自己的科学追求融入建设社会主义现代化国家的伟大事业中去，树立敢于创造的雄心壮志，努力实现更多'从0到1'的突破，不断向科学技术广度和深度进军"，用坚守和努力完成了从专科生到985高校博士生导师的成长，不断超越自我，实现人生价值。

用汗水浇灌收获，以行动诠释青春

　　1996 年 9 月，来自北方边陲城市佳木斯的刘铁以重点本科分数进入被称为"专科里的小清华""高校之光"的沈阳电力高等专科学校热能动力专业学习。回想起在母校的学习经历，刘铁说，学校里半军事化管理锻炼了他的身体、磨炼了他的意志、培养了他坚持不懈的精神；学校开设的课程，培养了他的兴趣爱好，开阔了他的眼界思路，拓展了他的认知思维；优秀的教师团队，传授给他丰富的专业知识，培养了他科学严谨的治学精神，给予他专业化发展的引领。刘铁经常说，母校实践教学提供的实际接触电力生产现场的机会，让他掌握了实操技能，深刻认识到科技的重大价值，对他的未来起到了很大的指引作用。曾经课堂上，一位老师的鼓励话语"虽然你们是专科生，但努力学习同样会有不一样的人生"，直抵刘铁内心最深处，触动了他对知识的渴望，在他内心埋下了一颗继续求学深造的种子，让他有了不一样的人生轨迹。

用智慧思考人生，以勤奋创造未来

毕业 2 年后，为了完成自己多年的梦想，刘铁辞去工作，进一步求学深造。他持续坚持 4 个月每天仅休息约 4 个小时认真备考，凭借专科学习期间扎实的基础，最终以同等学力身份顺利考取了东北大学热能工程专业硕士研究生，开展碳素煅烧回转窑热工测试方面的研究。攻读硕士期间，他进一步增强了自己的专业基础功底，提升了科研与实践能力，连续在国际权威期刊发表学术论文 2 篇。由于成绩优秀、表现突出，读研期间，他光荣地加入了中国共产党，并在读研一年半后获得提前攻读有色金属冶金专业博士学位的机会，开展国际上具有前沿性的强磁场下金属凝固行为研究。从大专生到博士生，刘铁实现了跨越，但他始终没有忘记母校"团结、求实、文明、奋进"的优良校风。再次进入学校学习，他格外珍惜来之不易的读书机会，利用一切时间学习和补充专业知识，充分利用去电解铝厂开展项目研究的机会，提高动手能力和现场经验。困了，他就喝杯浓茶；

饿了，就拆开墙角的方便面煮一包。刘铁说："学习紧张的时候，我常常忘记吃饭，忙起来顾不上别的。"博士毕业前，他以助教身份获批国家自然科学基金青年基金项目资助，以第一作者发表英文 SCI 检索论文 13 篇，因此，破格留在东北大学任教、从事科学研究工作。

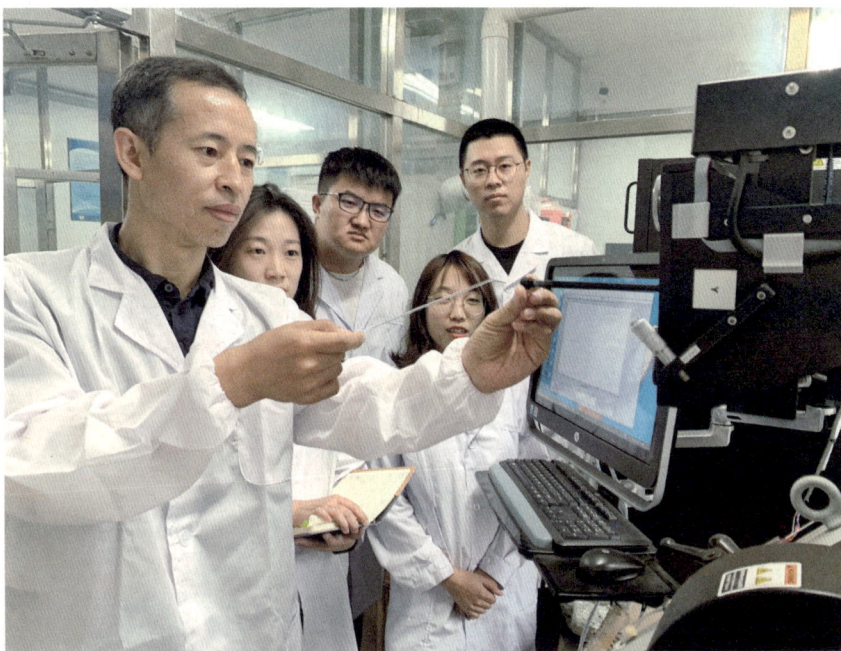

© 刘铁（左一）在科研一线

用敬业诠释初心，以专业深耕教育

母校的精神始终激励着刘铁努力攀登科学新高峰。获得博士学位的刘铁并没有停止脚步，他不断拓宽学术视野、提高科研能力，先后进入东北大学材料科学与工程博士后流动站和日本国立物质材料研究所（NIMS）开展研究工作。随着时间的推移，他不断成长进步，晋升为讲师、副教授（硕士生导师）和教授（博士生导师）。截至目前，他先后承担国家自然科学基金和国家重点研发计划等国家级项目 8 项、省部级项目 15 项，发表 SCI 检索论文 120 余篇，申请发明专利 12 项（授权 7 项），主编教材 1 部，参编中文专著 2 部、外文专著 1 部，参编教材 1 部，在国内外学术会议上受邀作讲座报告 19 次、担任分会主席 9 次，获教育部自然科学一等奖 1 项、辽宁省自然科学二等奖 2 项、辽宁省自然科学三等奖 1 项。他的研究成果有力地推动了我国在强磁场极端条件下物理、化学、材料、生物、医学等领域的重大前沿基础科学研究，指导研发了高端装备制造、能源以及航空航天、电子信息等领域急需的关键材料。

带着一颗拳拳赤子心，怀着一腔殷殷爱国情，刘铁将继续秉持沈阳电力高等专科学校吃苦耐劳、拼搏奋进的精神，传承母校"教书育人，为人师表"的教风，以建设教育强国、科技强国、人才强国为己任，一如既往奋战在教育和科研第一线，坚持为党育人、为国育才，全面提高人才自主培养质量。

GEN

MAI

第 五 部 分

爱岗敬业
赓续奋斗

能源安全事关经济社会发展全局……我们要顺势而为、乘势而上，以更大力度推动我国新能源高质量发展，为中国式现代化建设提供安全可靠的能源保障，为共建清洁美丽的世界作出更大贡献。

——2024 年 2 月 29 日，习近平在主持中共中央
政治局第十二次集体学习时发表的讲话

家是玉麦，国是中国，放牧守边是职责，你们这些话说得真好。有国才能有家，没有国境的安宁，就没有万家的平安。祖国疆域上的一草一木，我们都要看好守好。希望你们继续传承爱国守边的精神，带动更多牧民群众像格桑花一样扎根在雪域边陲，做神圣国土的守护者、幸福家园的建设者。

——2017 年 10 月 29 日，习近平给西藏隆子县
玉麦乡牧民卓嘎、央宗姐妹的回信

用青春践行初心使命
以匠心守护核电安全

——记守护核电安全的"黄金人"王勇

王勇

（1982 年生）

———

男，沈阳电力高等专科学校火电厂集控运行专业 2002 届毕业生。现任中核霞浦核电有限公司调试管理处处长。中国核电青年岗位能手、"安全大咖"代言人，核电"黄金人"。

———

"黄金人"是核电站操纵员的别称，他们终日在主控室内，不见日月，眼睛 24 小时都不能离开闪烁的屏幕，盯着枯燥的数字和随时间变化的曲线，守护核安全。要想成为"黄金人"，至少要 12 年，历经七阶段磨炼，人均培训成本更是高达 150 万元，甚至超过培养一名飞行员。沈阳电力高等专科学校毕业生王勇，凭借在校期间获得的扎实理论基础和较高专业技能，成功在众多"985"和"211"高校毕业的同事中脱颖而出，成为"黄金人"。

带着母校的印记启航，向着梦想的方向前进

　　回首 20 余年前的校园青春岁月、点点滴滴，王勇都还历历在目。教师深耕三尺讲台潜心教书育人，同学相伴晨读共游书海，舍友三五成群畅谈天下，宿舍内务五条线六面光，戴着白手套都抹不出灰尘的窗台……王勇说："感恩母校的培养，指引他奔赴中国核电的星辰大海。"大学期间，王勇努力学习，专业排名第一；勇于担当，担任学院团委副书记，主动帮助老师完成各项工作。2002 年 7 月，怀揣着对核电的无比憧憬与热爱，刚刚毕业的王勇以过硬的业务能力加入了江苏核电有限公司生产准备处，逐渐深入中俄合作的百万千瓦级核能发电技术 VVER 机型的消化与吸收过程。他始终牢记母校老师的叮嘱，"安全发电，造福人民"，时刻将"安全生产"放在工作的首位。进入工作岗位的第一天，他就告诫自己：安全高于一切，责任重于泰山。

◎ 王勇（右二）在校期间的校园生活

用行动践行母校精神，以严谨守牢安全底线

作为核能发电生产一线的运行人员，王勇数年如一日地坚持"每班三巡检"，对日常安全生产隐患"零容忍"，切实做到及时消除事故隐患，安全运行不留死角，练就了一身"望闻切诊"的真功夫。"哪里需要到哪里"，王勇始终坚守在倒班生产岗位，勇于承担一名"多面手"的责任，曾连续6次服务在大修机组。在当班的2000多个日夜里，王勇保质保量完成日常计划生产任务和机组年度大修工作，妥善处理机组缺陷，组织、协调日常消缺工作，带领团队创下了连续1071天无人因失误的纪录。凭借过硬的技术，王勇共进行启停机等重大风险操作53项，避免非计划降功率停机停堆25次，实现了"隔离零失误，操作零人因"，17次获得公司级安全生产嘉奖，3项技术获公司技术诀窍，2项技术获公司科技进步奖。作为机组运行管理人员，他严格落实安全生产要求，带领团队在机组大、小修，

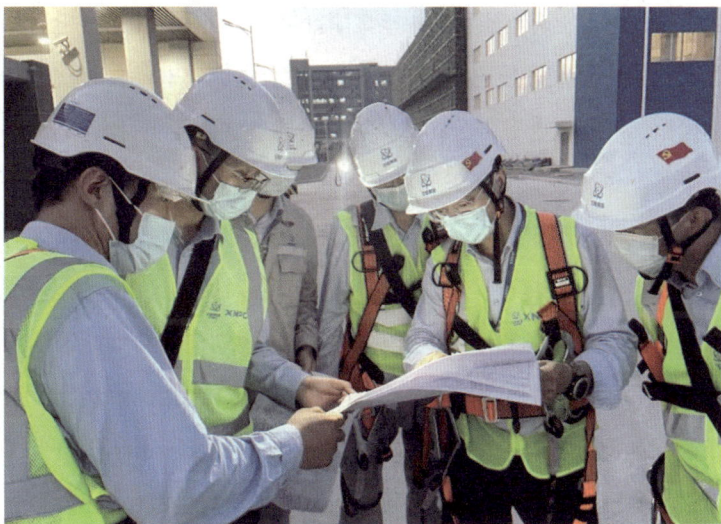

◎ 王勇将现场巡检一线打造成知识培训的"第二课堂"

机组调峰等机组瞬态中磨砺成长，圆满完成各项生产任务，充分展现了沈阳电力高等专科学校学生的优秀品质。作为一线班组长，他积极推进标准化班组建设，努力打造学习型、技术型团队，所带班组被评为"中国核电标杆班组"，建设经验在江苏省广泛推广；带领的团队 11 次荣获公司"五星班组"，并先后获得"工人先锋号""江苏省青年安全示范岗""江苏省优秀质量管理小组""中核集团青年文明号"和"五一"文明班组等荣誉。

实践磨砺中快速成长，拼搏奉献中成就辉煌

"天行健，君子以自强不息。"回顾走上工作岗位的 20 余载，王勇执着于自己所热爱的核电运行事业，坚守着自己的人生信条，书写着对核电工作的热忱。当他拿到商用压水堆和示范快堆民用核设施核反应堆操作员执照的那一刻，他感觉青春无悔；当被称为"黄金人"的那一刻，他也承受着身上那份沉甸甸的核安全责任。20 余年来，王勇已经把母校精神融入血脉，成为母校最生动的名片，先后荣获江苏核电有限公司社会公益爱心大使、中国核电青年岗位能手、中核集团青年岗位能手、中国核电"安全大咖"代言人、中核霞浦核电有限公司优秀共产党员、中核霞浦核电有限公司劳动模范、江苏核电有限公司优秀共产党员、优秀青年突击队员等荣誉。

核电是一种投资高度密集的能源形式，其主要特征是占地面积小，能量高度密集，发电稳定高效，不产生二氧化碳，因此被定义为绿色清洁能源。党的二十大报告提出："深入推进能源革命，加强煤炭清洁高效利用，加大油气资源勘探开发和增储上产力度，加快规划建设新型能源体系，统筹水电开发和生态保护，积极安全有序发展核电，加强能源产供储销体系建设，确保能源安全。"王勇于平凡中彰显不凡、以坚守诠释担当，他用无私品格、坚强意志和奉献精神，在科技创新、绿色发展、社会服务工作中展现青春的朝气锐气，用实际行动践行着听党话、跟党走的铮铮誓言。

仰望星空逐梦想
脚踏实地报母校

——记勇闯纳电储能领域的青年企业家李用成

李用成

（1978 年生）

————

男，沈阳电力高等专科学校供用电技术专业 2002 届毕业生。现任辽宁宏成电力股份有限公司、辽宁宏成供电有限公司、辽宁星空钠电电池有限公司、辽宁星空新能源发展有限公司董事长。辽宁省劳动模范、辽宁省高校毕业生创业典型，全国普通高校毕业生就业创业指导委员会委员，辽宁省"退役军人就业创业导师"，沈阳工程学院"李用成奖学金"设立者。

————

李用成出生于鞍山市台安县的一个农村家庭，像许多农村孩子一样，他通过刻苦学习考上了大学，毕业后等待他的将是电力行业的"铁饭碗"。但和大多数孩子不一样，李用成还没走出校门，就坚定了拒绝"铁饭碗"、要自主创业的想法。既懂得仰望星空、怀揣梦想，又懂得脚踏实地、刻苦打拼，走出校门仅仅 20 年时间，他已经拥有 4 家国家级高新技术企业，1 家国家级绿色制造企业，1 家军工企业。回顾他的创业史，起点是那么艰辛。

创业艰辛，厚积薄发

　　1999年，李用成如愿考上了沈阳电力高等专科学校电力系供用电技术专业。大学里他担任过班长、系学生会主席，在老师的指导下他办过比赛、开过晚会、做过宣传，一次大型活动他需要协调好学生会的每个部门，并详细对接每个环节。有时还需要和其他社团组织合作，如何安排好所有事务并保证能够按时完成，这对他来说是一门很深的"学问"。为了把活动办好，他努力克服原本内向的性格，几年下来他的口才、管理能力和处理人际关系的能力都得到了极大提升。作为学生会主席，李用成还练就了自我调节和高效时间管理的"内功"。专业课学习和组织各种活动有时让他压力很大，但他却逐渐找到了内心中那个平衡点——实现自我价值的方式有很多种，别人的认可固然重要，但也只是锦上添花，对此不必过于执着。"在学校里学习是我们最重要的使命"，这一点他从没有忘记。科学管理自己的时间，不断提高学习和工作效率，经常性地反思自己做事的得失。三年的大学时光，让他练就了组织协调能力、语言沟通能力、自我调节能力、时间管理能力、自我反思能力，复盘大学经历他自己总结为"五力并举"，这也为他今后的创业之路奠定了坚实的基础。

　　2002年从学校毕业的他，毅然走上了自主创业之路，然而起点却是那么艰辛。他从最基础的服务行业做起，带着工人一道做过保洁，尝试过销售代理、咨询服务，还开过小餐馆，他在不同行业"试水"，前前后后用了6年时间却始终没有大的起色。在这期间，他经历过保洁工作分文未得的失败，也品尝过月入过万的喜悦，更体验过经营中的辛酸和资金周转的煎熬。"创业需要做好规划"，他开始反思自己的创业经历，寻找失败的症结——只去仰望星空，没有明确目标，更缺乏脚踏实地。于是他回到家乡鞍山，在鞍山市电力勘察设计院找到了一份电力工程师的安稳工作。正是在这里，他有幸遇到了手把手教他本领的业界大师，于是他开始埋头学习，潜心钻研，从画第一张工程图开始，从承揽第一个工程设计项目做起。一家企业要建设小型变电所，他熬了几个通宵，主动设计出几套方案供客户选择，他坚信"不拿赌的心态做事，为各种可能做充足准备"。

抓住机遇，乘势而上

2011 年，电力行业改革如火如荼，李用成敏锐地发现他的创业机会来了。已经积累了扎实技术功底和丰富社会资源的李用成创立了辽宁宏成电力股份有限公司，从电力设计和工程安装起步，凭借着深厚的技术积累和创业经验，他的公司一年跃上一个新台阶。由于此前的创业经历，李用成始终觉得无论做什么工作都要以客户为中心。因此他每接手一个项目，一定要到现场勘察地形，主动上门了解客户需求，调整设计方案，让客户以最小的成本实现最理想的功能要求，以"管家式服务"负责到底。李用成替客户着想，久而久之深得客户信赖，不少客户专门慕名而来。

随后的几年，李用成的创业之路越走越宽。2015 年 4 月创建了辽宁宏成供电有限公司，2018 年 1 月创建了辽宁星空钠电电池有限公司，2019 年 4 月创建了辽宁星空新能源发展有限公司。

如今，李用成的企业早已从业务单一的电力工程安装公司，发展成集电力 EPC、新能源发电投资、军工综合能源利用服务、配电网投资运营及电力储能系统研发等于一体的电力服务产业集团，在全国拥有 13 家分公司和 3 家国家级高新技术企业，服务企业近千家。而实现这些，李用成只用了不到 9 年的时间。在省青年企业家协会组织的一次演讲中他说："创业，不能站在现在空想未来，而是要站在未来谋划现在，要目标明确、把握机遇、脚踏实地、躬身以行。"

◎ 李用成获得的部分专利证书

追逐梦想，回馈社会

在电力行业深耕多年，李用成越发意识到，如果能建造一个"超级电池"，便可以在用电量低时储存电能，在高峰时间满足用户需要，这样更符合新发展理念和绿色能源革命需求。经过前期周密的调研，李用成做出一个大胆的决定：研发钠离子电池储能技术。

"仰望星空，脚踏实地"，李用成把这句话刻在了辽宁星空纳电电池有限公司的迎宾石上，再次开启了他的逐梦之旅。从电力服务企业跨到科技型研发企业，一旦研发失败就有可能血本无归，李用成却力排众议："做企业不能只顾眼前利益，这事干成了就能造福于民。哪怕我下半辈子都'死磕'到底，也要造好我们中国人的钠离子电池！"带着这种朴素的企业家情怀，他开始组建自己的创新研发团队。他聘请了7位院士、9位博士生导师、50位博士，陆续投入近1亿元研发费用，终于在2018年8月，世界首条钠离子电池中试生产线在星空钠电公司建成。截至目前，李用成的星空钠电已掌握了钠离子电池正极、负极、电解液等全产业链的生产技术，第四代产品也已完成研发。在他看来，"星空"不仅是钠电原材料的象征，更寄予着他对能源电力事业发展和践行"双碳"理念的家国情怀。

随着事业的成功，李用成越发觉得要尽自己的微薄之力回馈社会。他创办了全国唯一一家地级市的退役军人就业创业服务促进会，帮助 7000 余名退役军人成功就业创业，他的辽宁星空新能源公司安置退役军人占员工总数的 85%，成了名副其实的"军人公司""退役军人之家"。他也先后获得鞍山市最美拥军人物、全国双拥工作先进个人、辽宁省劳动模范等荣誉称号。

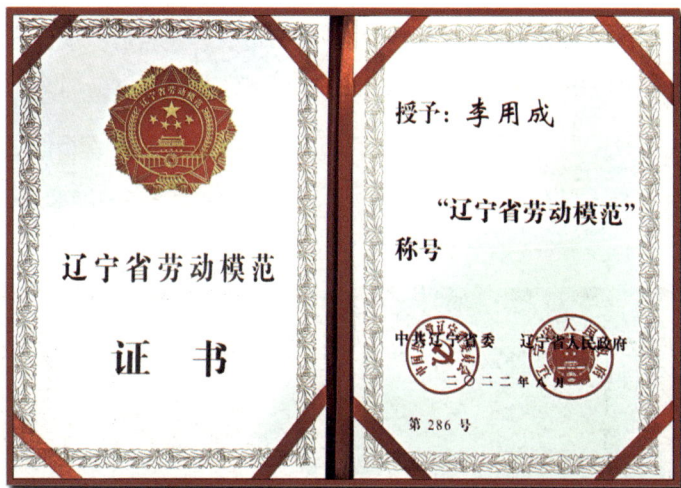

◎ 李用成获得"辽宁省劳动模范"称号

饮水思源，母校情深

对母校学子的牵挂和帮助一直是李用成认为最有意义的事。2023 年 6 月 16 日上午，李用成再次回到母校参加一年一度的"李用成奖学金"颁奖仪式，电力学院和往届受资助学生代表共同录制了短视频《饮水思源，大爱无疆——优秀校友李用成》，回顾了他十年间回馈母校的助学情缘。

十年前"李用成"奖学金颁奖大会同样是在这个报告厅隆重举行，从那时起他决定每年拿出 5 万元来激励电力学院的学生们"专注学业、立志成才"，十年间他已经捐助 45 万元，惠及 200 多名品学兼优的电力学子。他经常说："饮水思源，回馈母校是每一位工程学子最朴素、最美好的愿望。"

2018 年 6 月，李用成与学校签约，辽宁宏成电力公司成为校外实践教学基地。校企双方通过联合申报省级工程中心、建设实习基地党支部、组织毕业生顶岗实习、合作开发实验项目等，丰富了校企合作的深度和广度，为提高毕业生工程实践能力，提升母校人才培养质量作出了诸多贡献。李用成还曾经担任沈阳工程学院团委挂职副书记、客座教授、就业导师，从毕业走出校园到现在，他已经 30 多次回校深入学生当中做创业成长励志报告。在母校需要帮助的时候，李用成总是义不容辞，2014 年他主动承担了为永久在校大学生张程建造雕像所需的全部 12 万元费用，2022 年他又

© 2023 年，李用成来校捐资助学

为母校捐赠了2辆巡逻车。2022年，当选为辽宁中部地区校友会会长，李用成表示，他会继续关心和支持母校的建设发展，用实际行动践行学校"红心向党、技术报国"的优良传统，支持母校培养出更多更优秀的高级应用型人才，助力辽宁全面振兴取得新突破。

李用成把企业发展同民族兴盛、人民幸福紧密结合在一起，带领企业战胜困难，勇做创新发展的探索者，既仰望星空追逐梦想，又能脚踏实地回馈社会和母校，他用实际行动践行了企业家精神。

深耕绿色科创事业
助力企业高质量发展
——记全国五一劳动奖章获得者张旭

张旭

（1982 年生）

———

男，中共党员，2004 年毕业于沈阳工程学院供用电技术专业。现任广西广投北海发电有限公司党委副书记、副总经理。中国电力设备管理协会中国电力工业设备管理高级专家，中国共产党广西壮族自治区第十一次党员代表大会代表，全国五一劳动奖章、广西五一劳动奖章获得者。

———

"只要有旭总在，什么困难我们都有底气。"深受张旭感染与鼓舞的公司工程管理部员工解文超说。一声"旭总"表达了员工们对张旭的信赖与支持，也是对张旭 20 余年的电力生涯的肯定与褒扬。

张旭，始终坚守在电力行业前沿，从一线技术员到工程师，他一步一个脚印，立足岗位、刻苦钻研，敢作敢为、开拓创新，发挥苦干、实干精神，涉足技术管理、节能管理、科技创新管理及项目管理工作，为公司高质量发展作出卓越贡献，勾画出一个电力人的科技强国梦。

© 2023 年，张旭在广西广投北海发电有限公司指导技术人员

深入调查研究，竭力攻坚克难

2023 年 5 月 1 日，位于北海市铁山港区的广西广投北海发电有限公司，生产建设一片火热——保供电、忙扩建。据张旭介绍："在建的是公司二期扩建工程，建成后年发电量约 72 亿千瓦时，公司产能将翻三番。"这项工程是公司几经修改、易稿，最后批复成功的，是公司的实力展现，也是张旭个人奋斗过程与奋斗成果的集中呈现。广投北海电厂二期扩建工程，是公司"十四五"高质量发展的重要载体，公司锚定国家"双碳"目标。为确保二期机组煤耗、碳排放、污染物排放等指标处于国内先进水平，张旭带领团队优化二期设计工艺、加大自主创新，并带领团队前往国内先进电厂、三大主机厂商考察调研，实地了解机组设备选型、运行情况、各项指标。针对不同机组类型，形成了 20 多份全面、系统的调研报告，最终确定建造 2 台 660 兆瓦超临界抽凝式热电联产机组为最优设计方案。项目同步建设脱硫脱硝装置，实现超低排放。而今，该项目已经全面完工，投入使用，各项指标均达到国内同类机组一流水平。

在项目建设过程中，各种问题接踵而来。如施工现场有很多亟待解决的技术问题、项目选址地形相对复杂导致实际桩机打孔深度与地勘情况有偏差的问题、设备生产厂商产能不足等问题。面对建设困难，张旭没有退缩，没有抱怨，而是迎难而上，攻无不克。针对打孔问题，他立即召集技术人员、监理、承包商现场讨论、想对策、解难题。经过充分论证，调整施工方案，创新实行"一孔一策"，保障1000多个桩基孔的进度和质量。面对设备生产厂商产能不足问题，他起早贪黑，带领项目建设团队"长途奔袭"各设备厂商促生产、抢节点、保进度。6个月，13座城，25次飞行，34849公里，从项目建设至今未出现过因设备供货不及时而滞后建设进度的情况。4号发电机定子吊装就位、3号锅炉水压实验一次成功、4号机组低压缸试扣缸完成，施工现场捷报频传。作为一名共产党员，张旭充分发挥特别能吃苦、特别能战斗、特别能奉献、特别能攻坚的优良作风，为项目的高质量建设注入红色力量。在他的带领下，勇敢顽强的北电人前赴后继，不论寒暑始终奋战在项目建设的火线上。

© 2023 年，张旭在广西广投北海发电有限公司项目施工现场检查工程进度

响应节能减排号召，打造低碳环保企业

2020 年，国家提出"双碳"目标，二氧化碳排放力争于 2030 年前达到峰值，努力争取 2060 年前实现碳中和。作为投产十几年的 300 兆瓦级别机组，在碳排放、能耗方面压力较大。张旭长期从事电厂技术管理、节能管理、科技创新管理及项目管理工作，基于经验，他积极响应国家节能减排号召，策划开展公司能源管理体系建设，致力于打造绿色低碳环保的能源企业。在张旭的推动下，综合管理体系优化整合，为公司综合管理体系建设奠定坚实基础，使公司在制定能源方针、建立能源目标、实施能源管理措施、改进能源绩效等方面完全达到国家 GB/T 23331 标准要求。

2021 年 2 月，张旭开始筹备能源管理体系认证工作，引进国际领先的检验和认证机构必维认证集团作为能源管理体系认证的第三方，为公司能源管理体系状况"号脉"。张旭对生产过程的能源管理、人力资源设置、生产系统能效管理、用能设备管理、能源计量管理、能源采购管理等进行分析，全面达到 ISO 50001：2018《能源管理体系标准》要求，使公司各项节能工作落地生根，促使公司的能源管理工作水平得到显著提升，不断夯实公司绿色发展之路。

组建科研团队，深耕绿色科创

2020 年，张旭创立劳模创新工作室。秉承"专业专注、严谨敬业、创新传承"精神，抓学习、促创新、谋发展，通过"劳模＋创新"的示范和引领作用，带动和激励一线员工学习技术、提升技能，围绕广投北海电厂现场生产实际需要，开展了多方位的培训和技术革新实践。张旭带领技术

骨干团队，分别负责锅炉、热控及电气专业的技术创新。劳模创新工作室紧抓广投北海电厂核心发展需求，以锅炉燃煤掺烧、热控修旧利废创新创效、电气实训技能为攻坚方向，以推动技术革新为出发点，以提高员工自主创新能力为工作重心，搭建集培训教学、技术创新、班组建设于一体的综合共享平台，为实现企业高质量发展提供重要支撑和保障。

在公司党委领导下，科研团队逐步强大。近年来，张旭个人拥有 3 项发明专利、30 余项实用新型专利、6 项科技创新成果，撰有学术专著 4 部。在张旭带领下，工作室共开展技术改造 117 项、QC 活动项目 81 项，解决重要技术难题 22 项，获得 27 项专利、6 项软著。《W 型锅炉 100% 单烧印尼煤的重大创新突破》获得了全国电力行业设备管理创新一等奖。通过修旧利废节约、创新创效每年为企业降本增效数百万元，锅炉燃煤掺烧平均每年节约燃料成本近 6000 万元，较 2012 年供电标煤耗降低 8.29%，平均每年节约标煤 8 万吨以上，减排二氧化碳超 21 万吨，为企业降低能耗指标、实现高质量发展作出突出贡献。

◎ 张旭荣获全国五一劳动奖章

© 张旭荣获 2020 年广西五一劳动奖章

舍弃小家为大家，奉献服务冲在前

作为一名共产党员，张旭不但在技术岗位追求卓越，在防疫情、保供电方面也作出了突出贡献。在 2020 年到 2023 年的防疫保电期间，张旭始终坚守岗位，多次放弃与家人团聚的机会，带领广大党员群众成立防疫工作小组，明确各岗位的职责，制定防疫工作方案，每日对所辖区域防疫情况与防疫物资配备使用情况进行检查，并督促问题整改。与此同时，张旭还建立疫情防控流程机制，时时跟踪人员身体情况并及时报送相关信息，确保了项目工地 1000 余人的身体健康。为了保证疫情期间供电充足，张旭制定日检查、班落实制度，准确把握每一环节的工作情况，确保发电供应安全、稳定运行，有效地保障了社会电量供应。

时代需要领头人，攻坚克难，引领发展。张旭紧跟时代脚步，洒下了共产党员的激情与热血，在公司项目建设中，直面挑战，迎难而上，圆满完成建设任务；张旭心怀绿色科技梦想，带领团队一起筑梦新时代，在绿色科技创新领域打下一片天地，促进新质生产力形成，推进企业由传统高耗能走向绿色低碳的高质量发展轨道。张旭对工作执着追求，对绿色科创悉心耕耘，通过一次次创新变革，为时代添彩，向未来致敬。

传承雷锋精神
诠释公益人生

——记辽宁省雷锋奖章获得者卢闯

卢闯

（1984 年生）

———

男，中共党员，2006 年毕业于沈阳工程学院工业电气自动化技术专业。十二届全国青联委员，辽宁省青年志愿者协会副会长，共青团盘锦市委常委、青联副主席，辽宁省雷锋奖章获得者。

———

多年的默默坚守，累计万余小时的志愿服务时长，卢闯在公益道路上奉献大爱、青春无悔。这些年来，他激情不减、热情不退，已经把公益当成了自己沉甸甸的责任，当成了毕生所求。帮助他人的同时也升华了自己，他曾作为道德模范代表、团十八大代表受到党和国家领导人的接见，获得全国道德模范提名奖，辽宁省优秀共产党员、感动辽宁公益人物、全国优秀五星级志愿者、全国优秀工会积极分子等称号。

献身公益，十年一日

十几年来，卢闯把自己最美好的青春和年华都奉献给了伟大而崇高的公益事业。在沈阳工程学院读书期间，在学校"为人民服务""雷锋精神"等教育的浸润下，在老师、辅导员等的引导与帮助下，卢闯逐渐成长成熟。一次偶然机会，他接触到学校组织的公益献爱心活动，受到志愿者的感染与启发，在他的内心埋下了做志愿者、传播大爱的种子……

　　入学后，卢闯积极参与志愿服务，在校团委组织开展的赴农民工子弟学校义务奉献活动中，他得知一名学生患有先天性心脏病需要做手术、家庭又非常困难时，不仅自己热心捐款，还在学校的支持下积极奔走求助辽沈晚报、辽台、沈阳慈善总会等多家联合倡议捐款，同时又找到医院联系减免手术费用等，使那名学生顺利得以手术康复。凭借学校的支持和自己的努力而首战告捷，让卢闯感到了志愿服务的强大力量，让他体会了做公益的社会责任与高尚情怀，使他对今后的公益道路充满了信心。

◎ 卢闯作为志愿者为青少年讲党课

入学不久，卢闯当上了班长，也成了学校学生会的宣传部长，在刻苦学习的同时，除参加学校组织的各类义务奉献等活动，他还发挥自己的宣传本事，组织班级同学开展献爱心等活动，多次竭尽所能地帮助生活和学习有困难的同学。2003年，在学校开展的社会实践活动中，当时家庭并不富裕的卢闯把自己的第一笔奖学金捐给了3名困难高中生，帮助他们完成学业。从此，卢闯就下定决心，把公益事业当成自己一辈子的事业！

利用网络，助力前行

2006年大学毕业后，卢闯来到盘锦广田热电集团工作，在此期间光荣地加入了中国共产党，这让他的公益事业又增加了一层为人民服务的光荣使命。步入社会，他仍没有忘记学校老师的教诲，没有忘记自己的"公益"梦……

◎ 卢闯荣获学雷锋学郭明义先进个人

如何把公益事业做好做大，是卢闯一直思考的问题。潜力无限的网络给了卢闯无限灵感，他利用网络创新志愿服务新领域。2008年，卢闯在线上吹响了爱心"集结号"，组建盘锦网络文明志愿者联盟，这是一个充满生机与活力的阳光群体，也是一个充满爱心与激情的热心团体。他"行走"在80多个微信群，每天都要牺牲大量休息时间向大家传播志愿服务的相关知识，播撒真、善、美，用主流声音占领舆论阵地，并与志愿者们通过"志愿者网络日记""跟着郭明义学雷锋微博""微信分享活动""我为核心价值观代言"等活动传播正能量；线上与线下相结合，针对青少年网瘾的情况，他积极组织大家实施"捞人行动"，让几百名青少年摆脱网瘾，重新开始健康生活；开办"网络讲习所"，担任沈阳工程学院、中国人民大学、大连理工大学等高校校外辅导员，组织开展"网络新时代文明实践""喜迎党的二十大""我为核心价值观代言"等网络文明传播活动，并经常回到母校，给学弟学妹们作讲座，不断传递正能量，收效良好。

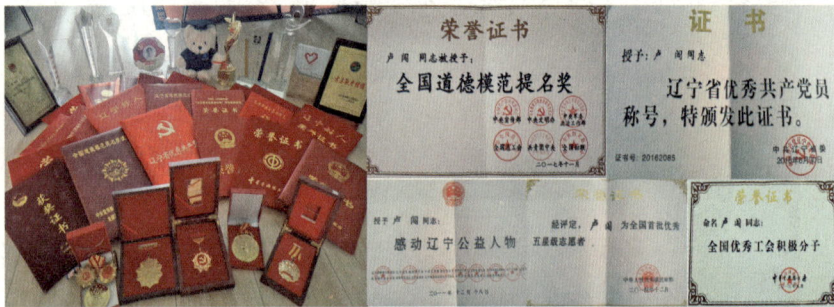

◎ 卢闯获得的部分荣誉证书

卢闯倡导党员志愿者在网络上公开亮明身份，由党员担任微信群管理员，线上展示党徽头像，线下活动佩戴党徽。卢闯认为，党员亮明了身份，公益活动的质量才能得到保证。他设计的党员献血队、党员义务家教、党员亲子读书会等项目，吸引志愿者聚集到线下公益活动中。卢闯还编写多个党课课件，创作新媒体作品几千件，吸引几百名党员加入微信学习党小组；"我入党的时候""向党说句心里话"等栏目，引导3万多志愿者纷纷参与，在他们的心中播种了爱党爱国、志愿奉献的种子……

搭建平台，倾力助人

为搭建公益事业的各类平台，让公益活动具有载体，卢闯建立多个新时代文明实践基地，开展"阳光助残""善举的力量""爱心集结号"等活动；实施"暖巢计划"，带领他的志愿者团队几乎走遍了全市的敬老院；与空巢老人常年结对子；开展"红孩子成长营"活动，多年来积极助学、大病救治、帮扶贫困户。卢闯和他的队友们参与线上线下公益活动万余次……2008年汶川大地震，卢闯毅然捐出了自己准备买房子的3万元首付款，自己却在单位的宿舍里住了多年，他还做出了每月从工资收入中捐出500元用于公益事业的决定，一坚持就是十几年。

卢闯的公益事业帮扶了无数人，也让他获得了无数荣誉，他先后荣获全国道德模范提名奖、全国首批优秀五星级志愿者、中国好人、新华网"护网大使"、辽宁省优秀共产党员、辽宁省学雷锋学郭明义先进个人、辽宁省青年五四奖章、辽宁好人最美人物、全国孝亲敬老楷模、盘锦市特等劳动模范等荣誉。

2009年8月，《中国社会报》以《我志愿，我奉献，我快乐》为题，头版头条报道了盘锦网络文明志愿服务的成功做法。累累硕果包含了卢闯献身公益事业的辛劳与收获，也映照了他对公益事业的无限热爱之情。面对荣誉，卢闯觉得是一种鞭策与激励，自己永远忘不了在沈阳工程学院第一次做志愿者的体会，有骄傲更有自豪，自己会让这种骄傲和自豪一直持续下去。在2015年的五四青年节，卢闯应邀参加学校"2015大学生志愿服务年'十大项目'主题活动启动仪式暨志愿服务誓师大会"，在仪式上带领广大学生志愿者庄严宣誓，踊跃投身志愿服务，以实际行动深入践行社会主义核心价值观。

习近平总书记给"郭明义爱心团队"的回信中说："雷锋精神，人人可学；奉献爱心，处处可为。积小善为大善，善莫大焉。当有人需要帮助时，大家搭把手、出份力，社会将变得更加美好。"多年来，卢闯为做公益牺牲了太多太多，但他仍无怨无悔，他表示，志愿服务其实就是雷锋精神的新时代体现，是对雷锋精神的继承与发扬。自己要坚持把公益做下去，去尽力帮助更多的人，让公益之花开遍社会的每个角落，让人人爱公益、公益为人人，不断传递真善美，不断营造良好的社会环境。

弘扬中华优秀传统文化
东方风华闪耀世界舞台
——记辽宁省文化名家暨"四个一批"人才
曲迪娜

曲迪娜

———

女，沈阳工程学院英语（国际商务）专业毕业生。东方超模、第一位登上冬奥会走秀的中国模特，辽宁省文化名家暨"四个一批"人才。

———

在平昌冬奥会上，一位沈阳姑娘用优雅的气质诠释着东方美；在巴黎时装周上，一位超模导师用华丽的服饰展示着中国文化；在慈善公益事业中，一位爱心使者真情奉献社会……她就是沈阳工程学院优秀校友曲迪娜。

心怀热爱，点燃梦想

曲迪娜对时尚走秀有着浓厚的兴趣。高考结束后，她报名参加了模特培训班，经过一个暑假的刻苦训练，在大学入学前夕，曲迪娜获得了人生中第一个模特大赛奖项"中国北方国际十佳名模"。进入大学，在完成每天的专业学习后，曲迪娜就利用课余时间、周末和寒暑假，继续到模特公司进行训练。据曲迪娜讲述，大学期间她担任学校 E 场展示社团社长，并在校学生会文艺部工作，令她印象最深刻的就是母校为同学们搭建的众多种类的社会实践平台，如科技创新、志愿服务、才艺展示等，让每名同学都从中得到了很多锻炼能力、展示自我的机会，也收获了自信和经验，是一笔宝贵的财富。为了既不耽误学习，又能多些社会实践经历，曲迪娜需要比其他同学花费更多精力。她说："那段时间非常充实忙碌，这些社会实践活动让我增长了能力和本领，但是也很辛苦，当其他同学周末休息、假期游玩时，我必须按时练功。那时，老师们一直在鼓励我，教给我如何勇敢地面对困难和挑战，树立吃苦耐劳、乐观向上的精神。直到现在，老师们的谆谆教导也在深深地影响着我、激励着我。"就这样，曲迪娜在追梦的路上不断前行。

© 曲迪娜在 2018 年平昌冬奥会上展示"中国风"青花瓷旗袍

厚积薄发，成就梦想

毕业后，曲迪娜正式进入模特行业。台上一分钟，台下十年功。在2018年平昌冬奥会上，曲迪娜作为第一位登上冬奥会走秀的中国模特，身穿具有浓郁民族特色的"中国风"青花瓷旗袍和搭配金色凤凰图案的"中国红"旗袍，走上"亚洲民族服饰秀"的秀场，她自信、美丽、优雅，举手投足之间向世界传递着中国东方美，让各国观众为之拍手称赞。随后，曲迪娜受邀出席了2019巴黎时装周，助力中国著名设计师熊英推广中国服饰文化，更好地向世界展示中国文化与东方美。国际时装周从来都是明星之间没有硝烟的战场，是人气与知名度的比拼，更代表着时尚界的认可与肯定。对此，曲迪娜说："中国文化给了我十足的底气和自

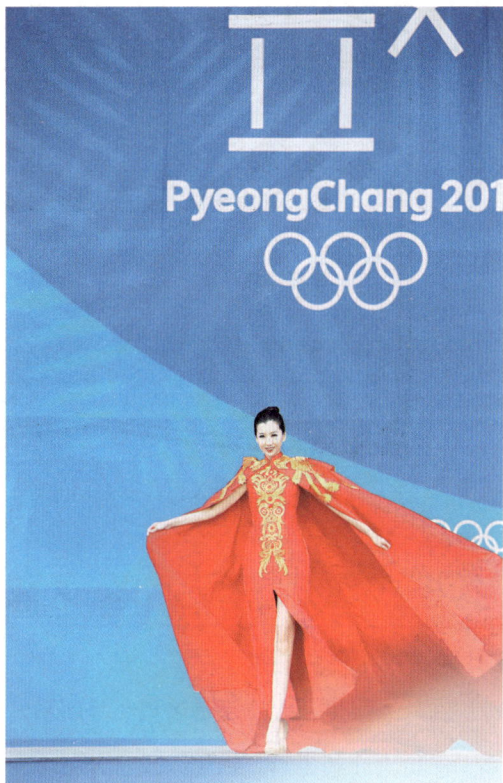

◎ 曲迪娜在 2018 年平昌冬奥会上展示搭配金色凤凰图案的"中国红"旗袍

信。""当聚光灯亮起的时候，我深知，它照亮的不是我，而是我身上美丽的华服，那一刻，我为自己是中国人而自豪。"

此后，从身穿旗袍登上《中国日报》（海外版）头版头条到成为悉尼市政厅推广中国文化汉服推广大使，从连续 7 年沈阳旗袍文化节主秀到首届中国旗袍文化节开幕式、闭幕式主秀……先后成为世界小姐大赛、环球旅游小姐国际大赛等赛事导师及评委，荣获中国国际时装周秀场超模、沈阳市三八红旗手标兵等称号，曲迪娜不断地成长、进步，收获了一个又一个梦想结出的硕果。回顾自己的成长经历，曲迪娜很有感触地说："其实，成功的道路并不拥挤，只要坚定梦想并付出执着努力，只是坚持下来的人太少了。"

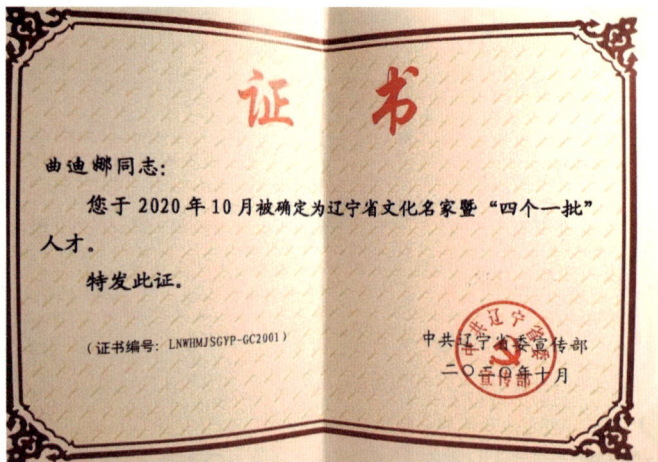

◎ 曲迪娜入选辽宁省文化名家暨"四个一批"人才

奉献社会，创造价值

在外人眼里，曲迪娜是名模、是明星。而这份来自社会的关注更让她多了一份责任和担当。她积极投身公益事业，作为"华夏星闪闪"年度公益大使和"中华志愿者年度先锋人物"，参加了 2018 年"我的童年我的梦"留守儿童助学系列活动；在 2021 年第四届中国新星大赛上，曲迪娜作为导师联合企业家关注贫困儿童成长，现场捐赠图书 2500 册；疫情期间，她更是为一线抗疫医护人员捐赠抗疫物资，担当抗疫志愿者……她说，没有国家就没有个人，民族责任感不能丢。

模特不仅是时装的展示，更是文化的传播。曲迪娜说，她会带着大家的支持，继续努力登上更多的国际舞台，为中国文化传播贡献自己的一份力量。目前，曲迪娜创立了与她本人同名的服装和饰品品牌，未来她希望能投身更多公益讲堂活动，特别是走进大学与学弟学妹们交流，分享她的成长经历和故事，让更多的年轻人感受自信与励志的力量。

博大精深、历史悠久的中华文明是中华民族的根和魂，是中华民族独特的精神内核。传承和弘扬中华优秀传统文化，让更多中国故事和中国声音走向世界，是每一名新时代青年的重要使命。曲迪娜就是这样，她把中华优秀传统文化作为创造美的源泉，闪耀在世界的舞台，曲迪娜自己的青春梦想也绽放出绚丽的花朵。作为新时代的青年，我们每个人都要树立坚定的民族自信心和自豪感，始终把自己的命运同国家民族的命运紧紧联系在一起，把自己成功的果实结在爱国报国强国这棵常青树上，在社会主义文化强国建设中展现青年担当。

耕耘技术前沿
励志笃行报国

——记辽宁五一劳动奖章获得者李聪

李聪

（1987 年生）

———

男，中共党员，2008 年毕业于沈阳工程学院生产过程自动化专业。华润电力（锦州）有限公司设备管理部热控专业工程师。曾获辽宁五一劳动奖章，当选锦州市总工会第十八届代表大会代表，辽宁省首批"兴辽未来工匠"。

———

30 多岁的李聪有着 10 多年的热控工作经验，算得上一名"老师傅"，是电力行业基建与运营期热控专业的专家型人才。十几年来的努力，换来硕果累累和荣誉无数，他靠的就是两个字：坚持！

初入职场，头角崭露

2005 年，李聪进入沈阳工程学院生产过程自动化专业学习。大学期间，他认真学习专业知识，在老师的引导与带领下积极实践，在学中练、在练中学，打下了深厚的专业基础，并逐步形成了独特的创新思维，这是李聪在以后工作中能够快速成长的基石。

2008 年，于沈阳工程学院毕业的李聪进入了宁夏国华宁东发电有限公司工作，公司坐落于沙漠边缘，条件异常艰苦，很多人都因吃不了苦而离开，但李聪却坚持了下来。作为职场"小白"，李聪先给自己定下了要掌握所有设备操作方法的"小目标"，平时他不放过任何学习的机会，白天跑现场熟悉各类设备，晚上利用休息时间结合在学校学习的专业知识了解设备说明书，研究运行参数及原理。工作中，他边思考边学习边实践，他认为所有的设备只有自己亲自操作才会记忆深刻、学得扎实。就这样，李聪的工作能力不断"提速"，短时间内就成为班组的技术骨干。

◎ 李聪荣获辽宁五一劳动奖章

为建设家乡，李聪于 2017 年加入华润电力（锦州）有限公司。在公司建设初期，为高质量完成建设任务，打造国家级精品工程目标，公司成立了以李聪为领衔人的创新工作室。身为工作室负责人的李聪，围绕工程建设难点带领团队开展技术攻关，技术研究开发、申请实用专利、发表专著论文、技术成果转化。几年来，李聪带领工作室成员忙得不亦乐乎，从基建到试运行期间为公司节省投资约 5000 万元。由于成绩突出，2020 年被锦州市总工会命名为"李聪劳模创新工作室"，这让他觉得身上的担子更重了。多年来，他相继主持现场多项技改、优化项目，主持编写多项规程，多次主持现场技改、优化项目，独立编写并参与了多项规程，逐步成长为电力行业基建及运营期热控专业施工工艺及设备维护专家型人才，所主持负责的"新型热控仪表保温保护柜"项目获 2021 年全省职工创新成果转化大赛二等奖和锦州市职工创新成果转化大赛一等奖。

技术创新，绿色发展

如今，职场"小白"已成为"老师傅"，但李聪没有骄傲自满，而是以更多的热情投入工作，自觉践行工匠精神、劳模精神，带领团队不断开拓新项目、新思路。在公司领导的支持下，李聪带领工作室结合辽西区域电石渣、白泥固废情况，合理配置周边资源，开创性建设固废综合利用中心，致力于周边造纸厂、乙炔厂固废利用，以废治废，将电石渣、白泥替代石灰石浆液进行烟气脱硫，减少工业废弃物，助力公司实现以废治污、循环经济，使公司逐步走上生态环境绿色发展的道路。

2021 年，李聪带领团队攻坚克难，开发了一种新的逻辑运算模块，为公司的环保电价的取得奠定了良好基础。针对 1# 机组脱硝系统喷氨调节的效率低，氮氧化物排放高及氨逃逸率高的问题，李聪通过与润电能源科学技术有限公司交流后，与锅炉专业一起优化 SCR 脱硝装置入口烟气流场分布，采用多点巡测技术，同时运用 SCR 喷氨自适应模型预测控制策略，提高了脱硝出口 NOx、氨逃逸等参数的测量精度，在保证脱硝出口氮氧化物的排放不超标的同时降低了氨逃逸率，缓解了空预器与低温省煤器堵塞的问题，大大降低了污染排放，助力了锦州市开展的"蓝天工程"。

◎ 李聪（左）与团队人员在进行科研探索

　　2022 年，李聪带领工作室创新团队深耕电力服务市场，不断拓展利润增长点。通过给水泵全行程调速优化、给水泵再循环保护逻辑优化、一次调频变参数调整等一系列优化手段助力公司深挖机组潜能，实现机组深调至 20% 额定负荷并在 AGC 全程投入的情况下长期稳定运行，自动投入率达到 100%，创华润电力"首家"。2022 年，公司全年深调收益突破 2 亿元，成为东北电网调峰的标杆电厂。同年，李聪助力公司取得国家污染治理和节能减碳专项投资，为公司争取国家政策补贴，助力公司获得省级企业技术中心、锦州市华润电力循环经济专业技术创新中心荣誉称号。

凝聚力量，攻坚克难

几年来，李聪带领创新工作室成员始终围绕企业的发展目标，共参与编制企业标准19项、完成机组设计优化项目40余项、攻克工程建设技术难题15项、解决生产技术难题30余项、发表专业论文50余篇、取得国家级实用新型专利21项、获得计算机软件著作权5项、获国家省市各级奖励30余项，为企业创造经济效益近3亿元。凭借出色的业绩，助推公司迅速成长为电力行业创新的标杆，"李聪创新工作室"被辽宁省总工会命名为省级职工创新工作室。目前，工作室积极与沈阳工程学院开展校企合作联合攻关，结合学校"双碳"战略发展目标，开展火电厂生产过程全局智能化运维系统开发、煤粉锅炉灵活深度调峰无助燃点火及稳燃技术等合作项目。2024年3月，作为学校优秀毕业生，李聪应邀回校参加了学校"规划未来、成就梦想"就业指导系列讲座——匠苗进校园活动，在活动中鼓励广大学弟学妹勇敢追梦、励志前行。

◎ 李聪参加学校匠苗进校园活动

干一行、爱一行、钻一行。李聪以他的工匠精神、劳模精神，在平凡的岗位上创造了不平凡的业绩，曾先后被评为"锦州市青年岗位能手"、"锦州市安全生产工作先进个人"、"锦州市金牌师徒"的金牌师傅等，荣获锦州市职工创新成果转换大赛一等奖、辽宁省职工创新成果转换大赛二等奖、华润集团卓越工匠、首批东北电力工匠、锦州市五一劳动奖章、辽宁五一劳动奖章等，李聪的先进事迹多次被《辽宁工人报》《辽宁职工报》和学习强国等媒体报道，并入选《锦州市高校毕业生就业创业之星风采录》。未来，李聪表示将继续深耕行业，带领团队助推公司向"锦电梦"迈进，助力地方营造"水清地绿天蓝"的生态环境。

巾帼不让须眉
奋斗自成芳华

——记党的二十大代表、全国劳动模范贾春贺

贾春贺

（1988 年生）

———

女，沈阳工程学院发电厂及电力系统专业 2009 届毕业生。现就职于国网白山供电公司，任营销集约管控中心质量管控班班长。吉林省青联副主席、吉林省总工会常委、共青团吉林省省委常委。获全国劳动模范，全国巾帼建功标兵，中央企业优秀共产党员，吉林省道德模范，吉林省优秀青年，国家电网公司劳动模范、青年五四奖章、供电十佳服务之星等荣誉，当选党的二十大代表、中华全国总工会十八大代表。

———

用无悔的青春和满腔的热忱守护"长白林海""雪域王国"的万家灯火，她的先进事迹相继被中央新闻联播、朝闻天下栏目及《经济日报》、《中国青年报》、《吉林日报》、新华网等多家媒体报道。她就是立足岗位把荣誉转化为干事创业的强大动力，用实际行动践行"人民电业为人民"宗旨的贾春贺。

闪光的工程记忆，励志的青春故事

每每谈起18年前的那个9月，贾春贺都会不自主地提高声调，加快语速，仿佛急切地想翻开时光的卷轴，再次走进那间教室，再次回到那堂《新生第一课》。"你们要思考，未来做什么样的人，过怎样的人生，朝着自己的目标踏踏实实走好每一步。"彼时，苗老师的这些话语为她播下了梦想的种子，至今仍时常在她的耳畔回响。三年的大学时光，贾春贺以坚定的信念和勤奋刻苦的态度投入到发电厂及电力系统专业学习中，被评为沈阳市优秀大学生，获国家励志奖学金和校奖学金，并于2009年光荣地加入了中国共产党。她深知实践出真知，积极加入团委社会实践部，秉持认真严谨的态度，从干事到部长，每一步都走得坚实而有力。毕业那天，她和辅导员交流说："沈阳工程学院是我18岁到21岁这段岁月中温暖的家，在这里我感受到了青春与奋斗、梦想与激情。我会带着母校给予我的力量，继续前行。"

多面的收费能手，真挚的为民情怀

2009年，贾春贺毕业入职国网白山供电公司，任窗口收费员。看似简单的工作，实则并不轻松。看着交费高峰时聚集等待的群众，她便琢磨如何提高收费效率，节省老百姓的时间。晚上回到宿舍，她在脑海里模拟系统操作位置，用自己做的纸键盘练手法。她的收费又准又快，被群众公认为收费能手。贾春贺并不满足于窗口收费这一项技能，而是不断"自我充电"，立志尽己所能，让光明的灯火照亮和温暖更多家庭。一到休息日，她就跟着经验丰富的同事一起去抄电表、巡线；晚上，她经常披着棉被读业务书籍；闲下来时，她就画接线图、练习系绳扣的方法……慢慢地，她成了供电所业务最精湛的员工之一，什么难题都问不倒她。家住抚松县泉阳镇长林社区的冯玉娥大娘每次到供电所都会找贾春贺，她说："这闺女好，啥都懂，我爱和她唠嗑。"2011年冬，泉阳镇用户家中的电路经常发生串户和接线错误，身体单薄瘦小的贾春贺主动请缨，承担理顺"所里台区分卡不清晰，时常发生串户和接线错误"的消缺任务。零下30摄氏度的严寒，她和同事们顶风冒雪走遍台区核对账卡，重新编制台区分卡，总结出"一看二停三对比"的工作方法，解决台区分卡问题593个，提前21天完成任务，确保了村民用电安全。

◎ 贾春贺在工作现场

监控的火眼金睛，创新的先进典型

每一次磨砺都是成长，每一次历练都是蜕变。2012年，贾春贺以优异成绩竞聘到国网白山供电公司数据稽查岗位。为了让国家减少损失，她浏览几千条数据，逐个比对分析，从一个个数字和符号中查找"跑冒滴漏"现象，判断业务流程是否合规，逐渐练就了"火眼金睛"。2015年，国网白山供电公司营销全过程多维度预警系统上线，贾春贺凭着日常积累的营销专业知识和对数据的熟悉，反复琢磨论证，创造了"多系统信息数据融合对比法"。方法被采用后，累计发现异常问题36项，整改数据1000余条，为公司挽回经济损失13.5万元。同年，国网白山供电公司营销全过程管理多维度预警系统关键绩效综合指标排名全省第一，她的创新工作方法在公司推广应用。2016年，贾春贺又以国网吉林省电力有限公司全面开展台区同期治理工作为契机，组建线损攻坚小组，研究如何提高台区同期线损合格率。小组制定实施的"六步降损法"治理异损台区1228个，查出窃电用户23户，挽回经济损失20余万元。2018年，贾春贺还与设备厂家联合研发了"带发电量核实功能的分布式光伏网点保护测控装置"，出现异常情况及时提醒预警、抢修维护，切实提高了服务质量。

◎ 贾春贺在工作现场

攻关的科研尖兵，团队的发展引领

习近平总书记指出："强国建设、民族复兴的接力棒，历史地落在我们这一代人身上。"这段话让贾春贺深受鼓舞、笃行不怠。2013年，她和同事研发了"微功率无线通信技术结合 GPRS 无线通信技术在电力集抄系统中的应用系统"，解决了用电采集系统集中器因无通信信号和无法进行数据传输难题，创造销售收入 1200 余万元。近年来，她以公司创建的"贾春贺劳模创新工作室"为依托，带领 10 支创新团队 100 多名青年业务骨干紧紧围绕生产经营中的堵点和难点进行集中攻关，完成技术攻关 27 项，在国家级核心刊物发表论文 8 篇，获得国家专利 5 项、软件著作权 2 项、QC 成果 5 项。团队自主研发的"营销数据稽核管家"软件，实现了数据

◎ 贾春贺荣获全国劳动模范

分析从人工向智能的转变；研发的"采集监控助手"实现了全天自动监控、智能评价、一键补抄等功能，为促进工作又好又快开展发挥了积极的作用。付出努力，收获成功。贾春贺相继获评全国劳动模范、国网吉林省电力有限公司高级专家，并当选党的二十大代表。工作室荣获吉林省劳模和工匠人才创新工作室、吉林省青联委员工作室。

一代人有一代人的长征，一代人有一代人的担当。建成社会主义现代化强国，实现中华民族伟大复兴，是一场接力跑。贾春贺用实际行动践行着"明德致知，精工博学"的校训精神，以追求卓越的创造精神、精益求精的工匠精神和用户至上的服务精神，在国家电网工作岗位上贡献着无悔的青春力量。这，就是沈工程青年的样子！这，就是新时代中国青年该有的样子！

赤子之心
驭光追梦

——记杭州市三墩优秀民营企业家张雄飞

张雄飞

（1987 年生）

——

男，2009 年毕业于沈阳工程学院自动化学院自动化专业。沈阳工程学院浙江校友会秘书长，浙江省职业经理人协会副会长，现任中曜达新能源（浙江）有限公司董事长兼总裁。

——

张雄飞，人如其名，自强雄健、蓄力敢飞，他以坚韧不拔的精神，勇往直前的闯劲，把稳时代脉搏、顺应时代大势，正在新能源这一国家战略画卷上刻画属于自己的创业传奇。

勤奋好学勇进取，探索创业初尝试

2005 年，张雄飞带着满腔热情和对知识的渴望，踏入了沈阳工程学院的大门，开始了美好的大学生活。在校期间，他勤奋好学，积极进取，学习成绩名列前茅，不仅在专业课程上表现出色，还积极参加各类社团活动，锻炼自己的综合能力。大四阶段，张雄飞敏锐地察觉到 C2C 电子商务平台时代到来，对标阿里的"咸鱼"平台，开始了创业探索，在学校创建了"二手笔记本"流转平台，不仅给学弟学妹们提供了价廉物美的学习工具，还为自己赚取了足够的生活费，这不但没有影响他的学习成绩，还给未来创业的选择奠定了基础。

毕业后，张雄飞进入了一家世界 500 强企业，中国大唐集团旗下的鲁北发电有限责任公司，凭借自己的努力和才能，他逐渐在职场上崭露头角，但优厚的待遇、央企的荣耀还是装不下一颗要腾飞的心。2013 年，他加入杭州经纬信息技术股份有限公司，从一名基层设计师成长为新能源事业部总经理，全面负责新能源板块的市场、设计、工程业务，为经纬股份上市作出了巨大

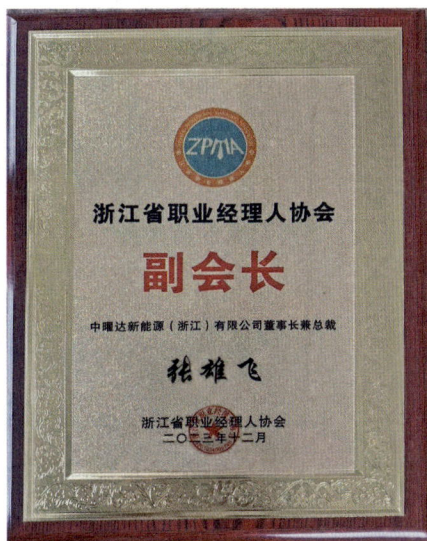

◎ 张雄飞当选浙江省职业经理人协会副会长

贡献。然而，这个常人看起来的小圆满，并没锁住他心中的大圆满，他心中一直有一个梦想——打造属于自己及志同道合伙伴的共富平台。于是，在 2019 年他毅然决定放弃上市公司的职务，带领团队，开始了创业之路。

攻坚克难求突破，广纳贤才汇英粹

张雄飞始终不忘创业初心，勇敢逐梦，在创业的路途中披荆斩棘，乘风破浪。创业之初，各种困难和挑战迎面而来，其中，最突出的问题就是资金不足。为了节省租金，公司租用的办公室十分狭小，而且还搬了三次，为了节省电费连空调都不敢开，最困难的时候自己借钱给员工发工资。即

便如此，他却从未气馁，坚定创业之路，一步一个脚印，稳扎稳打。起步阶段，公司规模较小、发展前景不明朗，张雄飞与团队一个一个项目攻克，积累经验，提升技术。作为公司负责人，张雄飞不仅要处理专业技术难题和相关项目事务，还要鼓励员工，坚持奋斗，做大家的精神领路人。他胸怀赤子之心，坚定的信念感动了团队的每个人，公司创始团队没有一人离开公司。为了拿下项目，团队付出大量的时间精力，加班加点，最终功夫不负有心人，2019年10月他带领团队以扎实的技术赢得客户的信任，拿下第一个光伏工程项目，赢得了创业的第一桶金。

机会始终是留给有准备的人。时机偶然，团队得到向某大型企业展示的机会。该企业已邀请了多位专家进行咨询，但始终无法解决技术难题，致使项目停滞。张雄飞得闻后，与团队成员连夜研究解决方案，最终获得了企业肯定，解决了困扰企业已久的难题。过硬的技术水平，诚信的企业态度，为团队和公司带来了飞速发展。随着团队不断壮大，业绩也获得突破性成就，公司置办了专属的办公楼，员工们终于获得了稳定舒适的办公环境。

如今的张雄飞以更高的格局、广阔的胸怀集聚一大批海内外高层次青年人才，其中合伙人包括来自美国华尔街的高级金融人才、加拿大北方电信的高级人才、国内顶级学府的高层次人才等。在张雄飞的带领下，中曜达新能源（浙江）有限公司已经发展成为以企业用电为核心，聚焦光伏、储能、配电、节电改造、电力交易五大模块，集电力设施投资（I）、电力设计咨询（E）、供应链服务（P）、工程建设服务（C）、O2O运维服务（O）、能源数据分析（D），一站式全流程解决方案的智慧能源服务商，他本人也成为具有极强的电力专业知识、丰富的管理能力和全局研究视野的能源管理专家。目前，他正率领麾下的"曜"团队通过建设绿电高效利用的"绿"电网，成为新型电力系统新质生产力的改革先锋。

积极拓宽企业领域，共绘乡村零碳蓝图

2022年，张雄飞带领公司形成集团化发展，在原有投资、设计、工程业务板块基础上，准备全面进军数字能源领域，拓宽集团公司新能源业务全流程。面对新的领域，他投入大量资金，招募智能硬件和软件的开发人才，组建IT研发团队，不断进行试验、改进，克服重重困难，创造优质产品。数字能源管理系统以优质的方案和产品不仅解决了客户的痛点问题，还获得了广大用电企业的一致好评。

张雄飞不仅关注能源的生产和转换，还重视数字能源在乡村经济、社区服务、农业生产中的广泛应用，从而推动乡村全方位振兴。2024年7月，张雄飞率队深入浙江常山村镇，展示企业"零碳乡村"数字能源解决方案。本着"姓农、利农、优农"原则，助力乡村实现从能源生产到生活消费的全链条"零碳化"，激活乡村资源，拓宽增收渠道，打造绿色生态共富样板。

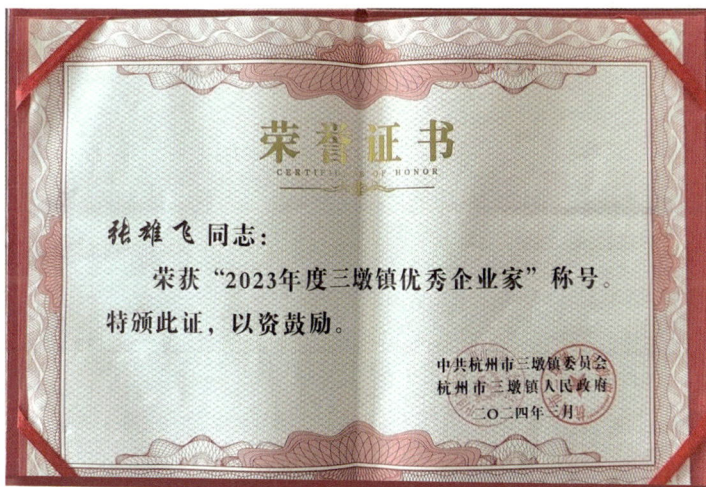

◎ 张雄飞荣获"2023年度三墩镇优秀企业家"称号

张雄飞的故事，就是一部沈阳工程学院学子的创业史。他用实际行动证明了沈阳工程学院的教育理念和培养模式的成功。为了回馈母校，张雄飞设立了自动化学院助学金，连续4年资助家境困难但成绩优异的在校学生。他的事迹激励着一代又一代的沈阳工程学院学子，坚信只要眼中有光，心中有梦，就能够创造出属于自己的辉煌。在未来的日子里，期待有更多的沈阳工程学院的学子、校友像张雄飞一样，用智慧和勇气，书写传奇人生。

挺膺担当
"电"亮玉麦

——记为玉麦乡连上国网电的李延军

李延军

（1988 年生）

————

男，中共党员，沈阳工程学院机械设计制造及其自动化专业 2010 届毕业生。高级工程师，现任国家电网安徽送变电工程有限公司项目经理。国网安徽省电力有限公司援藏帮扶先进个人、国家电网公司"五四"青年奖章获得者。

————

参加工作 10 余年来，性格爽朗的东北汉子李延军，参建国家重点工程 20 余项，足迹遍布甘肃、江西、西藏等 10 余省区。连续 338 天不下高原为的是让习近平总书记关心的玉麦乡顺利通电，央视一套大型纪录片《大国基石》、CCTV13 新闻频道都曾就他负责的项目进行报道。

平常时刻看得出来，主动亮明党员身份

李延军常说："青春是用来奋斗的，越是年轻越不能怕吃苦。只有不怕吃苦，才能学到技术。"2010 年，到安徽参加工作的李延军，不忘在校求

学期间老师的谆谆教导，练就扎实基本功，提高专业技能。为了快速掌握施工技巧，他坚持2个月每天都在钢管生产线旁近距离观察，遇到不明白的地方及时向工人师傅请教，吃透了钢管检测规范及无损检测仪器的使用方法，学会了用"锤子敲击法"来检查钢管成型和夹杂质量。正是这个方法，让李延军后来独立发现了一批48吨不合格钢管，成为他职业生涯的第一步成功。2012年，他不惧"从零开始"，主动申请到位于甘肃戈壁滩一处废弃钒矿厂房的800千伏哈郑线施工队学习。驻地无水无电，人迹罕至，飞沙连天，严酷的环境吹得他手脚皲裂，脱皮严重，李延军不惧艰难，从基础立塔、架线一步一步地学。每当回忆起那段时光，李延军总是说，那是他青春最好的绽放。2016年，由于工作出色、技术精湛，李延军成为安徽淮南地区线路施工项目技术负责人，负责多个技改项目。那段时间，他白天在工地协助班组施工，晚上回到宿舍写改进完善施工措施，几乎每天都忙到凌晨两三点钟，超负荷的工作让他高烧不断，3个月内间歇性发烧6次。为不影响好不容易协调来的3条500千伏线路同时停电的施工窗

◎ 李延军在工作一线

口期，他安慰未婚妻说："别担心，我能行，跟兄弟们一起扛过这一阵，我马上去医院。"最终，在他的不懈努力下，用1年时间编制出近50套主要施工技术方案，确保了500千伏平肥5302线、500千伏平西5312线等12个项目如期投运。

关键时刻冲得上去，奔赴西藏成功通电

上学期间，李延军就具有强烈的家国情怀，关心国家发展。2016年底，已经工作的李延军积极响应号召，主动申请奔赴西藏山南地区开展援藏工作。那里平均施工海拔4300多米，承建项目19项。他每天奔波于工地和无人区之间，强烈的高原反应使他多次住院，但为了让当地百姓早日用上可靠电，他总是提前出院，尽快投入到紧张的工作当中。援藏期间，李延军累计完成铁塔组立1900余基、变电站24座、导线架设700多公里，完成了海拔5548米世界最高110千伏铁塔组立，建设了世界最高乡普玛江唐乡变电站，为习近平总书记关心的玉麦乡成功通电。玉麦，地处喜马拉雅山脉南麓。因为长年只有桑杰曲巴和女儿卓嘎、央宗三人，曾经被称为"三人乡"。桑杰曲巴家的房子，既是乡政府，也是他们的家。一家人，半个世纪，用青春和热血默默守护着祖国的这片土地。"玉麦是中国的领土，有土地就得有人。"2017年，一份来自中南海的牵挂抵达了这里，习近平总书记给卓嘎、央宗姐妹回信说："有国才能有家，没有国境的安宁，就没有万家的平安。祖国疆域上的一草一木，我们都要看好守好。希望你们继续传承爱国守边的精神，带动更多牧民群众像格桑花一样扎根在雪域边陲，做神圣国土的守护者、幸福家园的建设者。"常有同事问李延军援藏期间收获了什么，他深情地和大家分享这样一个故事：有一次他们驱车8小时到海拔5373米的普玛江唐乡工地，路上远远看见一辆载着满满一车小朋友的拖拉机驶近。当会车看见戴着国网标志安全帽的李延军和他的同

◎ 李延军在西藏艰苦的生活工作环境

◎ 李延军为玉麦乡连上国网电

事时，小朋友们齐齐敬了个少先队礼。后来他了解到，由于没通电，普玛江唐乡的孩子们需要每天到 70 里外的小学上学，而他们唯一的交通工具就是那辆拖拉机。李延军说，援藏让他认识到了"国家电网"四个字的意义所在，"国家电网"不仅"电"亮玉麦幸福生活，更宣示着国家主权。"到祖国最需要的地方去，是我报名参加援藏帮扶的原因。玉麦乡成功通电后，我看到孩子们自发敬起的少先队礼，看到藏族同胞们发自内心的笑容，感觉自己所做的工作格外有意义。"2018 年 4 月，李延军将这段话写入了入党申请书中。

压力面前携手并肩，战胜困难共同进步

"工作中，他冲在前面，凡事身先士卒；生活中，他周密考虑，让大家无后顾之忧。"同事们这样评价李延军。2019 年 9 月，李延军和团队成员前往云南省镇雄县参与 ±800 千伏雅中—江西特高压直流输电线路工程云 3 标建设工作。李延军带领的项目团队管理人员平均年龄不到 30 岁，多数成员首次参与特高压建设项目。作为项目经理，李延军认真思考如何凝聚这个年轻团队的力量，让团队发挥出"1+1>2"的效果。工程开工前，他带领项目部管理人员逐一踏勘 153 基铁塔所在地，收集关于塔位地形、交叉跨越的第一手资料，提前制定单基策划、物资运输方案、施工进度计划，确保工程尽快开工。建设期间，他把施工技术、安全质量管理、工序科学衔接等方法和如何落实现场方案、把握现场细节等管理技巧都教给了团队成员，将工作科学分配到人，并合理安排同事利用项目空闲时间调休。在他的带领下，项目团队的凝聚力和执行力不断提升，负责的云 3 标建设进度在该工程云南地区标段中名列前茅。云南镇雄县人口 170 余万，是国家重度贫困县，工作之余李延军还带领临时党支部成员走访山区 3 所小学并捐款捐物，宣传电力知识，把温暖带进云贵山区。正是凭借着不服输

的干劲、韧劲、冲劲，多年来，李延军得到了公司和社会的广泛认可，先后荣获 2012 年国网富达科技发展有限责任公司"皖电东送"优秀工作者，2016 年安徽省电力公司安全生产突出先进个人，2017 年安徽省电力公司援藏帮扶先进个人、送变电公司先进个人、送变电公司劳动模范、送变电公司"十佳青年"，2018 年安徽省"向上向善好青年"，2019 年安徽省电力公司"青年岗位能手"，2020 年安徽省电力公司五四青年奖章，2022 年国家电网公司五四青年奖章等荣誉。

李延军就是这样一位朴实平凡却无私奉献的人，他就像一束光一样，无论走到哪，都带给人们光明与希望，浑身充满了力量，以实际行动践行"请党放心、强国有我"的青春誓言。

传承孟泰精神
服务辽宁振兴
——记扎根输电一线的佟明

佟明

（1989 年生）

———

男，中共党员，沈阳工程学院供用电技术专业 2010 届毕业生。副高级工程师、高级技师，现任国网鞍山供电公司输电工区副主任。国家电网公司劳动模范，辽宁五一劳动奖章获得者，鞍山市"孟泰传人"。

———

孟泰是新中国成立后第一代全国劳动模范，多次受到党和国家领导人的接见。在鞍钢工作的日子里，他爱厂如家，爱炉如命，与鞍钢人一起，用不到 16 个月的时间，在外国专家断言的"只能种高粱"的废墟上创造了恢复生产的奇迹。在沈阳工程学院毕业后，佟明就职于国网鞍山供电公司。他始终没有忘记毕业典礼上校长的寄语"脚踏实地，仰望星空"，全国首创无人机等电位进行 X 光带电检测作业，用实际行动践行母校育人理念。参加工作 13 年来，始终牢记学校师长谆谆教诲，传承弘扬孟泰精神，兢兢业业、脚踏实地做好每一项工作，用实际行动诠释负责任、敢担当、能干事。

重大任务主力军，输电领域排头兵

　　遇到技术问题总是刻苦钻研，每次现场作业都积极冲在第一线。走上工作岗位的佟明，不忘母校"明德致知、精工博学"的校训精神，经过不懈努力，逐渐成长为输电运检专业的骨干，在重大生产任务中担当主力军。一次线路巡视，听见220千伏唐东一、二线32号至33号档内有异响，他凭借扎实的理论功底和实践经验，再经仔细观察后立即判断出导线存在严重的"鞭击"现象。在风力作用下，现场同相的两根子导线大约每隔10秒钟就撞击一次，该段导线为碳纤维复合导线，属于严重缺陷，如不及时进行处理，可能造成导线断股，甚至碳芯损坏断线，将会造成输电线路停运。佟明主动把责任扛在肩上，带领团队全身心投入抢修工作，由于发现和抢修及时，避免了线路事故的发生。工作13年来，他充分运用在母校学到的基础知识，投身生产实际，提升技术水平，从一个懵懂的"菜鸟"班员，成长为辽宁省电力有限公司输电线路运维高级专家，从一线岗位成长为中层干部，带领班组人员开展大型作业610次，消除线路缺陷869项，带电作业91次，保证了输电线路安全稳定运行。

◎ 佟明在工作一线

绝缘硬梯引领者，创新发展智多星

绝缘硬梯是输电带电作业常用的绝缘工具，佟明所在的班组经常使用绝缘硬梯进行带电作业。工作中，他觉得在塔上用绝缘绳绑扎来固定绝缘硬梯尾部的方法不可靠，不仅容易造成梯子滑动，而且绑扎过程还浪费时间。经过反复研究和试验，佟明研制的"绝缘硬梯尾部固定夹具"成功应用于现场作业，这一夹具不但缩短绝缘硬梯固定时间，还确保了作业人员安全，消除了安全隐患。以往对液压式耐张线夹进行 X 光探伤检测，需要在线路停电后登塔到每一个耐张线夹处，再用 20 多公斤重的 X 光设备进行检测。当佟明看到作业风险等级较高时，他和团队打破常规、另辟蹊径，全国首创无人机等电位进行 X 光带电检测作业，不仅突破了作业受停电计划制约的瓶颈，而且避免作业人员遭受电离辐射，大幅提高了工作质效。该项目成果在国网公司 2019 年青创赛中荣获金奖。工作以来，他获得国家发明专利 5 项、实用新型专利 28 项，他主导的科技成果获国网辽宁电力科技成果科技进步奖 1 项，新技术应用奖 4 项，专利奖 1 项，应用理论奖 1 项；全面质量管理（QC）成果获全国电力行业 QC 小组活动特等奖 1 项、一等奖 1 项、优秀成果奖 3 项，国家电网有限公司一等奖 1 项、三等奖 3 项，辽宁省质量科技成果一等奖 12 项，所带输电带电作业班连续 8 年被评为辽宁省优秀质量管理小组。2021 年，佟明带领 QC 小组围绕碗头挂板螺栓脱落缺陷开展专题研究，历时 9 个月，经过数十次修改后，在国际质量管理小组大会发布会上以新颖的形式、流畅的配合，完美展现了辽宁带电作业技术优势和精神风貌，获得国际评委的高度评价。最终，成果"缩短输电线路碗头带电消缺时间"在第 46 届国际质量管理小组大会上斩获金奖，是辽宁省公司在大会上首次获此殊荣！

技术应用领头雁，输电专业多面手

技术资料需要整理时，他是"技术员"；消除隐患时，他是"安全员"；青年员工向他请教时，他是"培训师"。他被公司授予"青年领军人才"称号，在工作中充分发挥青年领军人才作用，除了做好自己的本职工作，还主动承担班组和工区的其他工作，成为班组和工区的一名"多面手"。特别是在无人机应用领域，作为鞍山输电领域第一批无人机飞手，佟明带领同事们不断探索无人机在输电专业的应用技术，推动鞍山供电公司无人机应用迈上新台阶。在 2018 年辽宁省电力公司首次无人机巡检竞赛中，荣获团体二等奖、个人三等奖。他还带领团队成员在省内率先完成 220 千伏输电线路自主巡检全覆盖，完成激光建模 300 公里，在线路巡视、验收和导线对地距离校验等应用中发挥了重要作用，通过无人机技术有效提升了输电线路运检管理水平。

艰苦奋斗急先锋，坚守奉献孺子牛

老一代校友开疆拓土、筚路蓝缕，将辽宁电网从无到有建设起来，奉献精神一脉相承，佟明也一直用前辈们的精神鼓励自己。2017 年，佟明代表辽宁省公司到北京参加政治保电。为了防止线路出现外力破坏等情况引起的供电中断，他们在每一基杆塔下方搭起帐篷，两组人员交替值守，每组值守 24 小时，每小时巡视一次通道。佟明跟铁塔站在一起，默默地坚守和奉献，确保 24 小时中每一秒的供电安全。2022 年初，佟明远赴张家口，代表辽宁省公司执行北京冬奥会长达 60 天的保电任务。张家口赛区平均海拔 1600 米，最低气温零下 27 摄氏度，山上的积雪没过膝盖，保电任务重、条件苦、责任大。佟明克服环境陌生、山路崎岖、天气寒冷等各种困难，爬冰卧雪、忠于职守，用热血对抗严寒，最终圆满完成冬奥会保电工作任务。面对征召，佟明总是义无反顾，勇往直前。"困难面前有我们，我们面前没困难，保电有我，有我必胜！"这是佟明在服务社会电力保供工作中许下的庄严承诺。

◎ 佟明在工作现场

习近平总书记曾指出："同人民一道拼搏、同祖国一道前进，服务人民、奉献祖国，是当代中国青年的正确方向。好儿女志在四方，有志者奋斗无悔。希望越来越多的青年人以你们为榜样，到基层和人民中去建功立业，让青春之花绽放在祖国最需要的地方，在实现中国梦的伟大实践中书写别样精彩的人生。"多年来，佟明犹如一颗"螺丝钉"，始终坚守在输电一线，以更便捷的服务、更精湛的技术服务电力、服务辽宁，默默地为输电专业贡献着自己的青春和力量。2019年被国网辽宁省电力有限公司评为劳动模范，被辽宁省总工会授予辽宁五一劳动奖章；2020年被中共鞍山市委、鞍山市人民政府评为孟泰传人；2021年被国家电网公司评为劳动模范。一份份荣誉，既是对佟明过去工作的肯定，又是一份份沉甸甸的责任，更是对佟明今后工作的鞭策。他将砥砺不怕苦、能吃苦的精神品格，锤炼不畏艰险、不惧风雨的拼劲韧劲，关键时刻扛得了重担、打得了硬仗、经得住磨难，在攻坚克难中创造新业绩，用奋斗绘就亮丽的青春画卷。

第 六 部 分

根脉传承
筑梦青春

奋斗不只是响亮的口号，而是要在做好每一件小事、完成每一项任务、履行每一项职责中见精神。奋斗的道路不会一帆风顺，往往荆棘丛生、充满坎坷。强者，总是从挫折中不断奋起、永不气馁。

——2019 年 4 月 30 日，习近平在纪念五四运动100 周年大会上的讲话

广大青年要继承和发扬五四精神，坚定不移听党话、跟党走，争做有理想、敢担当、能吃苦、肯奋斗的新时代好青年，在推进强国建设、民族复兴伟业中展现青春作为、彰显青春风采、贡献青春力量，奋力书写为中国式现代化挺膺担当的青春篇章。

——2024 年 5 月 3 日，习近平寄语新时代青年

砥砺深耕专业
精业笃行致远
——记青春路上的引路人胡萤

胡萤

（1987 年生）

———

男，中共党员，2011 年毕业于沈阳工程学院物流管理专业。历史学博士，现任广西师范大学马克思主义学院中国近现代史纲要教研室专任教师、马克思主义理论科研流动站师资博士后。

———

11 年的时间，胡萤从一名本科毕业生一路前行学到博士后，成长为广西师范大学的专任教师。这其中有辛酸、有无奈，也有收获的喜悦，更有对梦想的不懈追求，每个阶段胡萤都没有忘记初心，虽然道路艰辛坎坷，但结局终究美好。

大专毕业，追梦工程

2009 年，专科学历的胡萤通过专升本考试进入沈阳工程学院，成为物流管理专业的一名学生。入学后的第一节课就是针对专升本的就业形势课，老师在课上鼓励同学们认真学习、毕业后积极考研，给胡萤留下了深刻印象。也正是老师的引导与鼓励，让胡萤立下了毕业后报考硕士研究生、要在学术上取得一定成就的志向。在学期间，胡萤认真进行了专业课学习。这期间，当专业老师了解到他有强烈的考研意愿时，便在学习上给予了很大帮助，并积极培养他寻找自己的学术兴趣点、养成良好的学习习惯等，为他今后的学术道路打下基础。

在学习专业课的同时，胡萤还认真学习了《毛泽东思想与中国特色社会主义理论体系概论》《思想道德与法制》等思政类课程，在学习中逐渐对中国近现代历史产生了浓厚的兴趣。记得有一次课上，任课老师用小视频向同学们展示了红军历经二万五千里长途跋涉，最终取得长征胜利的伟大壮举，胡萤被红军战士不屈不挠、艰苦奋斗的革命精神所深深感动，让他定下了从事中国近现代历史的研究方向。革命先烈艰苦奋斗、锲而不舍的革命精神，以后也成了推动胡萤努力钻研、攀登学术高峰的动力源泉。

2012年，胡萤本科毕业后，怀揣着对历史学的热爱，通过努力成功跨学科考入了广西师范大学历史文化与旅游学院中国近现代史专业，成为一名硕士研究生，并于2013年光荣地加入了中国共产党。三年的硕士生涯，他认真学习专业知识，并积极投入到学术研究中。2015年，胡萤以优异的研究成果顺利毕业，拿到历史学硕士学位。

初入职场，学研并进

2015年9月，胡萤来到广西壮族自治区南宁市，就职于中国共产党宾阳县委员会党校（简称"宾阳党校"）。入职后，胡萤被领导安排在办公室担任秘书一职，主要负责公文的收发、撰写以及其他行政事务。在日常的工作中，胡萤时刻牢记沈阳工程学院"明德致知，精工博学"的校训精神，保持着在校期间养成的积极勤奋的工作作风，对于领导安排的每一项任务均认真负责完成，工作态度得到了宾阳党校领导和同事们的一致好评。

2017年3月，胡萤通过党校内部的中层管理干部竞聘，成功升任办公室副主任一职，并在同年被单位评选为优秀党员和先进工作者。

作为一名党校工作者，纷繁复杂的行政工作并没有使胡萤放弃自己所热爱的科研工作。在做好行政工作的同时，胡萤也积极参加当地的各类调研，并将收集到的资料撰写成论文和调研报告。2015年10月，胡萤首次参加广西壮族自治区党校系统优秀成果评比，获得三等奖。11月，胡萤参加南宁市党校系统征文比赛，获得二等奖。2016年10月，胡萤首次参加广西党校系统"桂海论坛"征文比赛，获得二等奖，成为宾阳党校近二十年来第一个在省级比赛中获得二等以上奖项的教师。2017年11月，胡萤第三次参加南宁市党校系统征文比赛，最终以最高分获得一等奖第一名，成为近十年来首位在市级党校征文比赛中荣获第一的县级党校教师。

学而不辍，追求梦想

2018年，依然坚守梦想的胡萤做出了继续攻读历史学博士学位的重要决定，成功考入河北师范大学历史文化学院。四年博士生涯，胡萤非常珍惜这来之不易的学习机会，他学习刻苦，科研严谨，学习期间记录、翻阅了大量相关书籍与资料。在沈阳工程学院上学期间学到的校训精神一直在影响与激励着他！最终在导师的指导下以2篇CSSCI论文、

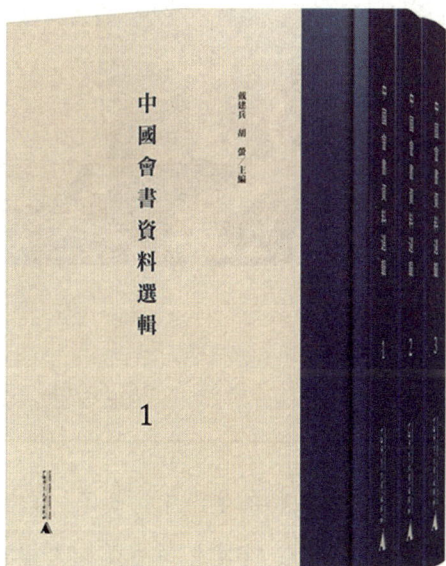

◎ 胡萤与博士生导师共同主编了《中国会书资料选辑》

1篇北大核心论文等学术成果顺利取得历史学博士学位。除此之外，胡莹与博士生导师共同主编了史料汇编《中国会书资料选辑》，并于2020年11月公开出版于国内知名出版机构广西师范大学出版社。

2022年，胡莹被广西师范大学马克思主义学院录用，回到了曾经学习生活过的地方，实现了自己当教师、搞学术的梦想，开始了自己的大学教师生涯。同年9月，胡莹被安排到广西师范大学马克思主义学院中国近现代史纲要教研室，主讲《中国近现代史纲要》这一门思政课程。经过辛勤努力，胡莹的教学水平逐步提升，获得领导和师生的全面认可。

◎ 胡莹在教学一线

立足专业，弘扬正道

在专任教师的生涯中，胡莹一直牢记习近平总书记对广大青年教师的嘱托与期望，牢牢把握立德树人根本任务，坚持做育人道路上的"四有""六要"好老师。作为青年思政教师的代表，胡莹将中国近现代史的基本史实与大学思政教育有机地结合在一起，不断探索新的育人模式，不断丰富课程内涵。通过多种形式的授课模式，努力发挥历史文化在育人中的重要作用，让学生们通过对历史的学习，树立对国家文化、对民族文化的认同感和荣誉感。同时，激发学生对于中国近现代史的兴趣，在课堂上逐步培养学生的理性爱国主义情怀，树立正确的历史观、人生观、价值观，树立为祖国发展、为民族进步贡献力量的责任感与使命感，"以史为鉴"，将来更好地成为国家的栋梁之材。

　　胡萤就是这样，默默前行、不忘初心，努力在科研学术的道路上踏实前行，用他的默默耕耘一步步实现着自己的梦想；在育人的道路上砥砺前行，用他的爱国情怀与历史情怀，努力践行着一名思政教师的最高使命！

用勤奋点亮青春
用奋斗书写精彩

——记华电（辽宁）配售电有限公司技术 能手郭松

郭松

（1989 年生）

———

女，沈阳工程学院农业电气化与自动化专业 2012 届毕业生。现任华电（辽宁）配售电有限公司职员。2017 年中国华电集团有限公司供热技能大赛个人赛第一名，中央企业技术能手、中央企业青年岗位能手。

———

当我们坐在家中享受冬日的温暖时，可曾想到有这样一群人，他们奋战和坚守在供暖第一线，默默用奉献书写责任和担当，用辛劳传递温暖和力量。郭松就是他们之中的一员。从收费、客服到生产，各个系统的搭建、测试、培训……这位"八〇后"姑娘工作起来游刃有余，凭借出色的业务能力，获得了中央企业技术能手、中央企业青年岗位能手、中国华电集团有限公司技术能手、华电辽宁能源有限公司巾帼标兵等多项荣誉称号。

2012 年毕业后，郭松来到了丹东金山热电有限公司供热分公司，开启了职业生涯。据郭松讲述，记忆最深刻的是，刚入职就赶上了公司大干 100 天，和她一同入职的其他 9 名毕业生，男孩被分配去看标段，每天经历着风吹日晒；女孩则被分配作为楼宇信息普查员，时常工作到深夜，这一干就是100天。郭松用"辛苦并快乐着"来形容这段经历,虽然很累,但是很有成就感。正是这段宝贵的经历,让她接触到了供热最基层的工作,熟练掌握了基层供热信息普查的各项技能,为日后工作打下了基础。

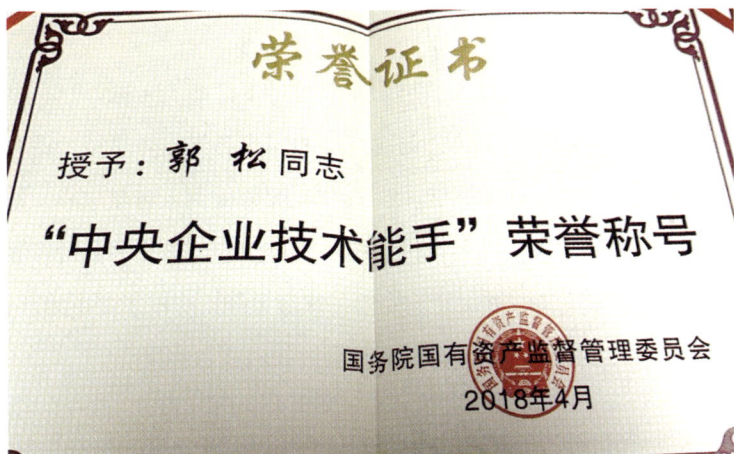

◎ 郭松荣获"中央企业技术能手"荣誉称号

心怀梦想,勤于躬耕

如果不是非常了解供热企业,很多人会以为采暖期结束了,热力供热就可以"刀枪入库,马放南山",放缓紧张的工作节奏松口气了。其实,他们像冬春季节一样依然忙碌。在这之中,收费就是一项重要工作。2014年,郭松被选为收费班班长,但在最初她却感到非常焦虑,毕竟这是一个与她所学专业完全不相干的新领域。她说,那时她还只是一名刚入职两年的员工,需要组织40余名比她年长的老员工一起完成360万平方米供热区域的普查工作、3个亿的收费目标。面对陌生的领域,郭松快速转换角色,从零开始学习,毫无抵触和懈怠,虚心请教经验丰富的老同志,刻苦钻研工作方法。每天带领着她的团队,早出晚归,穿街走巷,一个小区、一栋楼房、一家一户,精准细致地完成了360万平方米供热区域的信息普查,建立了该区域内全部供热用户的信息档案，一笔一笔地收取、蓄积冬季供暖的资金，如期完成了3个亿的收费目标。

至诚至勤，积极进取

秋去冬来，转眼就要进入供热季。温暖过冬，事关千家万户，事关民生民心。对于郭松就职的供热公司而言，为用户提供优质热能，提升供热质量和服务水平，更是责无旁贷。2015年，郭松被调入客服中心，她有机会更直接地参与到服务保障冬季供暖的一线。她参与建立了公司客服一体化平台，构建了多渠道报修渠道，完善了客服系统，实现了工单闭环管理，确保百姓发来的各项诉求能够得到及时有效的回应和解决。

© 郭松为公司青年职工开展业务辅导讲座

厚积薄发，收获精彩

2016年，郭松所在的丹东金山热电有限公司供热分公司被选为"智能热网示范点"，而她很荣幸地参与到智能热网的建设中，在收费、客服、生产等系统的搭建、测试、培训全过程中，她熟练掌握了供热公司全链条的工作流程和业务。2017年，中国华电集团有限公司举办供热技能大赛，上百名选手齐聚一堂、摩拳擦掌。此次比赛不仅是对个人技能的严格考核，也是对参赛选手心态的考验，其中不乏参赛经验丰富的选手，这让第一次参加大型竞赛的郭松非常不占优势。在备赛期间，郭松反复练习，有的操作技能，别人练习一遍，她就练习三遍，从清晨练习到深夜，她把每一次训练都当作上场比赛。功夫不负有心人，凭借过硬的技能，郭松参赛并首先获得了代表公司参加区域公司供热技能大赛的机会，随后又获得了代表区域公司参加集团公司总决赛的机会，最终获得了团体第二名，个人专业赛第一名的佳绩。这次大赛的优异表现也为郭松提供了更广阔的舞台，她于2017年10月被借调到中国华电集团有限公司市场营销部工作；2022年郭松正式进入华电辽宁能源有限公司工作。

面对取得的职业成绩，郭松的心中充满对母校的感恩之情。她说："母校给我带来的最重要的收获是丰富的知识和技能、永不放弃的精神和毅力，这些都对我产生了深远影响。在学期间，老师教给我们系统的专业知识，学校为我们搭建了社会实践活动、创新创业项目的平台，让我们有机会走进企业、科技园区，拓展了眼界，锻炼了实践能力。同时，母校强调明德、精工、勤奋、创新的精神，老师时常教给我们要自信勇敢地面对人生的困难和逆境，令我从中备受鼓舞。"据郭松回忆，她刚被借调到中国华电集团有限公司市场营销部工作之初，压力很大，是一种"终于看到天，才知道天有多大，而自己又真的缺少了太多知识"的感觉。郭松没有气馁，而是更加系统地学习专业知识，每天挤出时间练习新技能，努力熟练掌握网源一体的热电企业运行要求，最终从一名谦虚学习的员工成长为一名精通电、热业务的综合技术能手，先后参与了中国华电集团有限公司电热量计划编制、供热经营评价办法制定等重要工作。

梦想从学习开始，事业靠本领成就。郭松在大学期间努力学习专业知识，为自己打牢了职业生涯发展的本领根基。工作以后，她仍然不放弃学习，为了更好地履行岗位职责，她通过持续的专业学习精进自己、增长能力。郭松说："付出总有收获，现在获得的荣誉对我来说既是鼓励，更是鞭策。我将继续积极努力取得更大的成绩，为母校增光添彩。"

筑梦电力岗位
书写青春担当

——记国网锦州供电公司劳动模范宋鑫磊

宋鑫磊

（1984 年生）

——

男，中共党员，沈阳工程学院电气工程及其自动化专业 2013 届毕业生。现任国网锦州市凌河区供电分公司应急服务班班长、高级技师。多次参加暴雨、台风等电力应急抢修，国网锦州供电公司劳动模范。

——

一城璀璨灯火，离不开稳定可靠的电力供应。宋鑫磊扎根基层、服务电力行业已有 10 年，主要负责凌河区供电分公司 63 条 10 千伏线路、726 台运行变压器以及 24 万余户的供电设备抢修工作。

锤炼本领，砥砺成长

多年来，宋鑫磊始终走在技能成才、技术报国的路上。尽管已经是一名技术娴熟的电力企业员工，但是他决定继续深造充实自己，便报名了沈阳工程学院继续教育学院。回忆在校进修的时光，宋鑫磊很有感慨。他说，在老师的带领下，他又进一步系统地学习了电力领域相关的知识和理论，了解到新型电力设备、电力行业新技术的发展前沿，拓展了视野，为自己日后的工作提供了有益的启示。

工作十年来，宋鑫磊一直从事配电工作，对于配电设备故障抢修已经非常熟练，变压器、架空线、电缆等故障更是能够准确判断，及时处理，尽早恢复供电。在宋鑫磊平淡且朴实的叙述中，我们总能反复听到"责任"和"坚持"这两个词。十年来，无论风沙雨雪，还是严冬酷暑，宋鑫磊和他的班组一直坚守抢修一线，用汗水、担当、奉献守护着万家灯火。

◎ 疫情期间，宋鑫磊与他的班组一手抓防疫，一手抓电力抢修

尽职尽责，挺膺担当

2020 年春节期间，新冠疫情席卷全国大地，喧嚣的生活被按下了暂停键。据宋鑫磊回忆，当时在一些居民区，很多电表是安装在车棚、平房里，是最直接接触百姓的，存在着极大的病毒传染风险，他带领班组成员克服心里的恐惧，勇敢地成为疫情中的逆行者，深入这些场所开展消毒工作。每小时、每一天，坚持一手抓防疫一手抓抢修，就这样坚持了整整三年。其间有一次接到线路抢修任务，在炎热的夏季，他带领班组穿着防护

服、戴着护目镜，用了 6 个多小时查找到故障点并处理恢复供电。

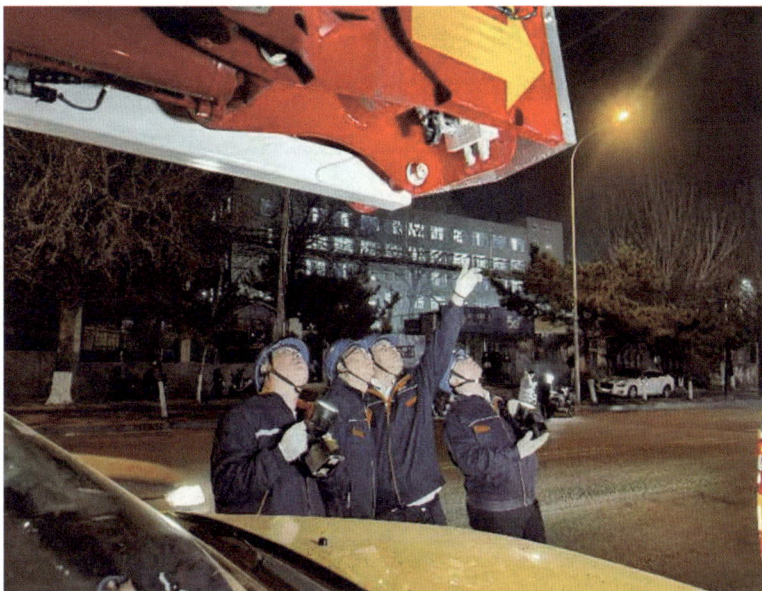

◎ 宋鑫磊与班组在进行电力抢修

　　2021 年 7 月，河南郑州等地遭遇特大暴雨，电力设施遭受严重损毁，面对紧急的形势，众多电力公司的校友纷纷主动请缨，投身抢险一线，宋鑫磊就是其中的代表。他跟随辽宁抢险突击队，经过 18 个小时 1400 多公里的日夜兼程，抵达特大暴雨肆虐后的郑州，接到的第一个任务就是对已经停电多日的翰林世家小区进行抢修作业，当时的情形是 40 摄氏度的闷热潮湿天气、小区外多台变压器没电、到处是被树枝压断的线路和烧损的避雷器，每一步都跋涉在厚厚的淤泥中。面对现场情况，宋鑫磊立即带领班组商讨并制定抢修方案，之后就迅速投入到抢修工作中，立杆、架线……为了更快复电，在这期间，他每天工作 15 个小时以上。在恢复供电后，已经停电 4 天的数千户居民奔走相告："来电了！"一位 80 多岁的老人在激动的人流中摔倒无法起身，宋鑫磊立即冲到近前将老人扶起并询问伤情，发现老人脚已扭伤无法行走，于是，宋鑫磊背起老人向家中走去……据宋鑫磊回忆，在郑州昼夜抢修的一个个现场，既是考场也是战场，其中最艰难的一次抢修发生在桐柏路 6 号分电箱，宋鑫磊冒着地表五六十摄氏度的高温，细心核实每一处复杂的地下电缆接线情况，甚至有时需要戴着安全帽将头部钻进只有 20 多厘米的空隙，最终经过 3 个小时的紧张抢修成功送电，比更换分电箱至少提前了 7 个小时。

◎ 宋鑫磊在进行电力维修作业

无私奉献，奋斗不止

这样的抢修经历还有很多，2018 年夏季用电高峰期，他连续 7 个昼夜奋战在电力保供一线，2019 年迎战台风"利奇马"、2022 年吉林省疫情期间坚守长春抗疫之电……在十年的工作时间里，考虑到电力抢修的紧迫性，宋鑫磊经常放弃节假日休息，甚至大年三十坚守在值班一线，他说："我错过了很多与家人团聚相伴的时间，但是想到十年里的每一分钟，我都在努力为千家万户、为辽宁经济社会发展提供安全可靠的电力保障，每一次抢修成功送电的那一瞬间，也许我们就给予了更多人更多光明，一想到这些，我感到内心无比自豪。"

一份坚守就是一份力量。十年来，在平凡的岗位上，宋鑫磊不断学习与进步，由一名普通技术工人成长为应急抢修骨干，将自己的人生融入国家电力事业发展，也成就了自己的青春梦，他先后获得了国网锦州供电公司优秀共产党员、先进生产者、电力工匠等荣誉称号。

国家和民族的发展离不开一代又一代有志青年的拼搏奉献。只有当青春同党和人民事业高度契合时，青春的光谱才会更加广阔，青春的能量才能充分迸发。宋鑫磊说："险情就是命令，保电就是责任，我是一名共产党员，就要冲锋在最前线。"在宋鑫磊的身上，我们看到了奋不顾身的信念、从不放弃的坚守、迎难而上的担当、无私奉献的品格、从未宣之于口的使命感……这些正是沈阳工程学院莘莘学子"红心向党、技术报国"的写照。70多年来，学校已经有千万名校友投身祖国的电力、能源事业，他们扎根基层、脚踏实地、爱岗敬业，在平凡的岗位上彰显着最不平凡的力量。

青春路上奋力奔跑
不负韶华逐梦前行

——记"国家奖学金优秀代表"名录入选者 陈鉴朋

陈鉴朋

（1998 年生）

———

男，中共党员，沈阳工程学院机械设计制造及其自动化专业 2020 届毕业生。现于东北大学攻读工学博士学位，研究方向为基于人工智能方法的航空发动机寿命评估及系统概率风险分析，参与多项航空航天、国防军工类重大科研项目。2020 年 5 月入选全国 110 人"本专科生国家奖学金优秀代表"名录，创建了"陈鉴朋学业辅导驿站"。

———

锤炼奋斗精神，绽放青春色彩

2016 年，陈鉴朋带着对大学的憧憬和期待，踏入了沈阳工程学院机械学院，成为机械设计制造及其自动化专业 162 班的一员并被选为班长。回忆起四年的母校学习时光，他感慨万分。他说，母校是他专业成长的起点，也是他梦想启航的地方，为他提供了广阔的学术平台和充足的学习机会，赋予他飞翔的翅膀。他清晰记得，曾经有一位老师在课上说："学习不仅是为了通过考试、获得好成绩，更是为了积累知识与能力。"这句话深深地打动了他，激发了他学习的动力，也成为他学习的座右铭。大学期间，陈鉴朋学习成绩优异，连续三年综合排名学年第一，连续两年荣获"国家奖学金"和"沈阳市大学生市长奖学金"，先后荣获"沈阳市优秀大学生""沈阳市模范大学生""沈阳市优秀团学干部"等40余项荣誉称号，主持和参与多项大学生创新创业计划项目及暑期社会实践活动，2020年5月入选全国110人"本专科生国家奖学金优秀代表"名录。他的同班同学杨瑞评价他："鉴朋是我的班长，也一直是我的榜样，他是一个自律自信且有着独特人格魅力的人。作为班长，他在管理班级、组织活动方面，既有条理又能平衡每个人的工作，让人信服；作为学习标兵，他利用自己的课余时间给同学补习，带领大家一起进步，且成效斐然；他热爱篮球，作为一名运动员，他在球场上有着不服输的精神，始终拼搏奔着胜利而去，从不放弃！"陈鉴朋就是这样一位勤奋好学、努力拼搏的奋进者。

◎ 陈鉴朋组织召开班会

创建辅导驿站，推动学风建设

　　作为一名中共党员，陈鉴朋时刻谨记党员身份，严格要求自己，身先士卒充分发挥先锋模范作用，在完成学业之余，主动为同学答疑解惑。2019年，他在机械学院摩尔创客中心创立了"陈鉴朋学业辅导驿站"，以线上线下相结合的形式，利用课余时间为需要学业帮扶的同学，提供英语、数学、专业课和科研项目等方面"一对一"或"一对多"的课程辅导。驿站定期整理和分析考试挂科、英语四级通过情况，按照不同程度进行预警，深度分析专业特点，有针对性地提供学业帮扶，引导学困生增强学习信心，提高学习成绩，顺利完成学业。驿站成立以来，通过辅导、专题讲座、经验分享会等形式帮扶学生累计2000余人次，在朋辈帮扶、学风建设等方面发挥了积极作用。一名2020年退伍的学生，曾多次被学业预警，累计挂科12门。在"学业小导师"刘肖同学和多位导师的辅导和帮助下，如今仅剩2门重修科目。2022年疫情封闭式管理期间，在驿站学业小导师的帮扶下，被辅导的学生全部通过考试，全年学业预警人数由57人下降到20人。陈鉴朋孜孜不倦的学习热情、阳光向上的生活态度带动着学院乃至学校众多师生参与其中。截至目前，"陈鉴朋学业辅导驿站"已经运行4年，现有"小先生"240余人，涌现出以周之杰、张闯、赵健、李子奇等学生为代表的优秀小导师。驿站选聘优秀教师作为驿站指导教师，定期组织开展思想教育和教研活动，共同研究解决辅导中发现的问题和困难，逐渐形成了规模和体系。驿站更激励着陈鉴朋所在的机械学院和机制162班38名同学比学赶超、积极进取。机械学院连续9年12人次荣获沈阳市长奖学金，获国家级竞赛奖项18项，省级竞赛奖项295项，获奖学生达1100余人次。"挑战杯"和"互联网+"等系列竞赛的参与度逐年增加，极大地提升了学生的创新能力和综合实践能力。机制162班荣获校级及以上奖学金 74 人次，实现奖学金全覆盖；英语四级过级率 57%，就业率 92%，对口就业率 87%，13 人考取硕士研究生。2023 年 3 月，学校举办了"陈鉴朋学业辅导驿站"学风建设工作现场交流会，总结驿站建设经验，面向全校推广其成功做法，指导各学院在学生宿舍按照考研、国网考试、学科建设等分门别类建立学业辅导驿站，推进学风建设。"陈鉴朋学业辅导驿站"已成为沈阳工程学院学风建设的一面旗帜。

◎ 陈鉴朋学业辅导驿站

投身创新实践，自觉服务社会

行健不息，挑战未知。在学好理论知识的同时，陈鉴朋也深刻地意识到，实践出真知，实践是大学生成长成才的重要途径。他坚持学以致用，大学四年里，不断尝试发明创造，常常是早上 8 点进入双创教室，晚上 9

点才离开……通过自己的不懈努力成功申请了"避障导盲探路车""浮选机控制装置"发明专利。主持和参与多项大学生创新创业计划项目、科技创新活动、暑期社会实践活动，并先后荣获第二届"斯诺森杯"机械创新结构大赛二等奖、辽宁省机械创新大赛优秀奖和"校科研学术先进个人"等荣誉。课余时间，他经常参与工厂实习、企业培训等专业性实践活动，在活动中不断提升专业知识和实操能力，发扬大国工匠精神，立志能够为祖国未来的发展贡献出他的青春力量。新冠疫情期间，陈鉴朋积极响应党的号召，在做好自我防护的同时，在关键时刻挺身而出、不畏艰险，主动申请加入辽宁省盖州市红十字会"抗疫志愿者"团队，积极投身于家乡疫情防控工作，为打赢疫情防控攻坚战贡献青春力量。

努力拼搏进取，勇攀知识高峰

"人生需要拼搏，因为拼搏，才有机会体会拼搏带来的喜悦，因为拼搏，才能感受到幸福！""未来的求学之路，我将永不止步，继续努力！"在校期间陈鉴朋曾这样说。本科毕业后，陈鉴朋选择了进一步求学深造，考入东北大学机械工程与自动化学院，攻读硕士学位。两年后，他又成功提前完成硕士学业，进入博士学习阶段。现在，他在东北大学深造，研究方向为基于人工智能方法的航空发动机寿命评估及系统概率风险分析。他发表 EI 检索文章《基于人工神经网络的航空发动机转子系统损伤参量统计特性分析》，以第一作者获"疲劳—蠕变寿命计算软件""基于载荷特征的疲劳寿命预测软件""复杂载荷历程下的可靠度计算软件"的著作权。陈鉴朋的研究涉及航空航天、国防军工等多个领域的重大科研项目，对基础知识有着极高的要求，需要融合机械、数学与计算机科学等多个领域的知识。陈鉴朋多次在与同学们交流时感慨："正是在沈阳工程学院的本科学习经历，为我打下了坚实的专业基础，那段日子，是我一生中最宝贵的时光！"每当遇到困难，他都会想起母校生活，那些为了学业辅导驿站付出的点滴，那些与同学们共同探讨学术问题的日日夜夜，都成为他前进的动力，让他在后续的科学研究中拥有足够的信心与底气。

不登高山，不知天之高也；不临深溪，不知地之厚也。学习是一场孤独的远行。"希望每一个学弟学妹都能珍惜大学的时光，勇敢追求自己的梦想。沈阳工程学院是我们的母校，希望你们能为母校争光，创造更多的辉煌。"这是陈鉴朋在一次返回母校为新生典礼作报告时给学弟学妹们的寄语。他最喜欢的一句话是"我们都在努力奔跑，我们都是追梦人"。陈鉴朋的故事，是一位优秀大学生在学术和人生道路上的探索与成长；他的成功，满怀着母校对每一个学子深沉的期望与祝福；他的事迹，为沈工程学子带来了很大的启迪；他的经历告诉我们，只要有梦想，只要肯努力，总会有一片属于自己的天空。

精研技术练本领
挺膺担当淬青春

——记第十九届杭州亚运会火炬手杨佳成

杨佳成

（1998 年生）

———

男，中共党员，沈阳工程学院机械设计制造及其自动化专业 2020 届毕业生。现任浙江大唐乌沙山发电有限责任公司维护部检修工兼团支部书记。多次参加机组等级检修和灾害天气中的电力应急抢修；积极参与各项职业竞技比赛，被授予"宁波市技术能手""宁波青年工匠""宁波市高级人才"称号；代表乌沙山公司参加 2023 年第十九届亚运会宁波站火炬传递。

———

"奋斗是青春最亮丽的底色"。唯有奋斗，才能绽放出青春蓬勃的光彩；唯有奋斗，才能淬炼出青春勇毅的担当。在杨佳成的青春奋斗路上，充满了坚持、进取、创新、奉献，充满了他对人生的热望、期盼与信心。踏上工作岗位刚刚三年有余，杨佳成却已经取得了突出成绩。在技术工作上，他凭借一股"钻劲"磨炼出一手"绝活"，在多项技能比赛中获得骄人成绩；在科研创新上，他以积累的工作经验为基础，自己设计制作工作装置，真正做到学以致用；在党团建设上，他积极发挥党员先锋模范作用，用心做好思想引领与党群服务工作。

钻研技术练本领，由工到匠助成长

　　脚踏实地、勤学苦研是杨佳成一贯的工作态度，在做好本职工作同时，不放过任何锻炼、磨砺自己的机会，不管是在日常工作中，还是在各项竞技比赛中都有出色表现。参加工作以来，他努力发挥工匠精神，执着专注于本职工作，精益求精于每一个细节，在部门统一组织安排的"技能提升训练班"中，一丝不苟地完成每一项检修任务。杨佳成没有满足于个人的工作成绩，还在青年群体中发挥先锋带头作用。在公司历次大修、临修和防疫、防灾工作中，杨佳成多次组建青年突击队，号召青年立足本职岗位，多做服务奉献，充分激发青年团员的工作活力和工作热情，激励青年团员履职践诺，追求卓越，为公司打造"唯实唯先、善作善成"的团队作出贡献。

　　杨佳成不仅注重在工作中精研技术，还积极参与各项职业竞技比赛，从中锻炼品质、锤炼技能。在乌沙山公司举办的钳工、焊工、零件测绘及CAD制图技能竞赛，第一届宁波技能大赛（鄞州）象山选拔赛，第一届宁波技能大赛工具钳工决赛，宁波市"北电杯"青工技能大赛等地方各级技能竞赛中，他一路披荆斩棘，荣获第一届宁波市技能大赛优胜奖，并被授予"宁波市技术能手"称号。

◎ 杨佳成获得宁波市技术能手荣誉证书

◎ 杨佳成获得新时代宁波工匠入选证书

自主创新强技能，学以致用显成效

　　机械专业的出身使得杨佳成能够熟练掌握钳工、焊工、铣工、低压电工等专业技能，这也成为他在岗位中攻坚克难、精益求精的制胜法宝。他参与完成公司四台 650MW 超临界燃煤机组等级检修、临修和抢修共 10 余台次；发表论文《T91 钢的性能及焊接工艺浅谈》《浅谈节能中的热力学原理》；参与设计制作引风机伺服机构固定装置、等离子点火装置检修除焦装置、阀笼拆除器、锅炉燃烧器粉管疏通装置、风机中分面定位销取出辅助装置等多项专用工具，大幅提升现场检修效率。2022 年，在公司 1号机组 A 检修中承担管阀区域自主检修，带领责任区党员群众高质量完成检修任务，为公司节省检修费用 17.32 万元。

◎ 2022 年宁波市"北电杯"青工技能竞赛中进行钳工项目

奋勇争先敢担当，用心服务淬青春

作为一名共产党员，杨佳成不仅在职业技能上表现优秀，而且积极参与党务工作，担任团支部书记和青年讲师职务，为青年党员的培养贡献力量。作为团支部书记，杨佳成悉心进行团支部建设，注重对青年团员的思想引领与信仰培养，带领青年广泛参与社会活动，开展义务清扫、植树、无偿献血、公司全员核酸检测、慰问敬老院等志愿服务活动；为缓解长时间连续检修的压力、搭建青年交友平台，多次开展篮球、羽毛球、台球比赛和踏青交友活动，丰富了团员们的业余生活，增强了集体凝聚力。作为青年讲师，杨佳成主持开展10余场团员专题培训活动，设计制作多期视频微课，主动将自身积累的经验分享给身边同事，实现职业技术水平的集体提升。在杨佳成的组织影响下，其所负责的团支部屡获荣誉，先后荣获宁波市"安全生产示范岗"，中国大唐"五四红旗团支部"，浙江分公司"青年文明号""青年安全示范岗"等荣誉。

杨佳成用奋斗、进取、创新和奉献描绘着自己的青春图谱，在执着奋进的道路上，他迎来了人生的高光时刻。2023年第19届杭州亚运会召开之际，杨佳成作为乌沙山公司最年轻的工匠，赋有"奋斗大唐人"的美誉，代表中国大唐参加了亚运会宁波站火炬传递。杨佳成在第112棒火炬传递过程中，脚步稳健，精神饱满，跑出了大唐人的活力，跑出了沈工程人的骄傲。圆满完成圣火传递后，杨佳成兴奋地说："这是对我的肯定，我很骄傲。薪火相传，携手并进，我会积极践行亚运精神，为中国大唐贡献青春力量。"

© 2023 年杭州第十九届亚运会火炬传递之宁波站杨佳成作为第 112 棒火炬手护送火种

"浩渺行无极，扬帆但信风"。杨佳成用行动书写着最美的青春画卷，精研技术，踏实肯干，在由工到匠的路途中不断成长；自主创新，学以致用，实现理论探索与实践工作的良好促进；挺膺担当，奋勇争先，在服务与奉献中淬炼青春底色。在成长的路途上，杨佳成步伐坚毅、自信勇敢，心中始终回响着母校的深沉教诲，他说："无论毕业多久，从母校的精神家园中探骊得珠，细细品味'明德、致知、精工、博学'的八字校训，总能在困惑中找到方向。"在工作中遇到困难时，在技术上遇到瓶颈时，在生活中遇到阻碍时，他总能坚守精神家园，保持真学深学的劲头、服务大局的精神、知行合一的作风，满怀朝气向未来。

传递爱的火种
书写励志青春
——记中国大学生自强之星、辽宁"最美青年" 刘展志

刘展志

（2002 年生）

———

男，中共党员，2020 年入学沈阳工程学院能源与动力工程专业。中国大学生自强之星、辽宁"最美青年"、辽宁省大学生年度人物、辽宁青年五四奖章获得者、沈阳市优秀大学生，获国家级、省市级科技竞赛奖项和个人荣誉达 50 余项。

———

无声的世界对于常人来说是陌生的，因为你无法切身体会双耳失聪带来的痛苦、不便与无奈，而刘展志却能在无声的起点勇敢出发，在生命中创造奇迹。在学校和老师的关怀与培养下，刘展志找到了奋进的目标，获得了前行的力量，成就了最好的自己，他用坚韧意志、奋力拼搏和无私奉献书写了自己的励志故事。

听力受损，奋进自强

刘展志 3 岁时因为高烧误用药物导致双耳听力受损，近乎完全失聪，

临床上被诊断为重度神经性耳聋。家人不惜倾家荡产带着他四处求医问药，但依旧无法改变他双耳失聪的残酷现实。在医生的建议下，小展志佩戴上了助听器。由于听力受损严重，佩戴助听器也无法完全听清别人说话，刘展志的语言能力也受到影响。在保证正常学业的前提下，刘展志通过看书籍、看学习视频，在专业医生的指导下开始了异常艰辛的语言训练。他每天都给自己定下目标，不完成就不睡觉。每一个字都要进行上万次的练习，对着镜子感受和体会不同咬字的口型，练习发音的方式。成千上万次的枯燥重复，有时也会收效甚微或遇到瓶颈，刘展志也曾想过要放弃，因为这条路走得实在太艰辛太痛苦了。然而在父母的鼓励下，他重拾信心，努力训练，在这个过程中，他磨炼了意志，养成了一种"不服输"的劲儿！功夫不负有心人，刘展志通过训练不仅能较好发音，更学会了读唇语这个"特异功能"。他与外界沟通的大门已然打开……

虽然刘展志基本可以与外界交流，但因为耳朵的原因，没有学校愿意接收他，让他面临"无学可上"的境地。亲属朋友都建议他去特殊教育学校就读，但是父母却坚决反对。他们认为，虽然听力受限，但展志的心智是没问题的，所以坚持让他去公立学校读书。几经周折，刘展志终于得到了到公立学校读书学习的机会，他非常珍惜，在学校奋力苦读，用他那"不服输"的劲儿，让自己的成绩总是名列前茅。

学校关怀，助力成长

2020年，刘展志考入沈阳工程学院能动学院能源与动力工程专业。初入校门，刘展志有对大学校园的憧憬与向往，还有一些担心与不安，因为自己的耳朵，他总怕功课跟不上，也担心会给别人带来麻烦。没想到，辅导员老师和同学们都非常友好，宿舍里的几个人一见面也"称兄道弟"了，大家对他的听力问题从不"另眼相看"，更给了他很多关爱与帮助，让他没有学习和生活上的后顾之忧，这些都给了他无比的信心，他决心在大学校园里努力学习，不负这段青春时光！

◎ 刘展志参加团支部培训大会

除刻苦学习外，刘展志还在老师的指导下，积极参加学校的科研竞赛及学术会议等，这让他开阔了视野，也学习了很多知识与技能。大一上学期，刘展志在老师的指导下第一次参加科研竞赛，需要准备讲解PPT及书面项目说明等。然而，那时的他不太会写稿子，也不会制作PPT。是老师一点一滴地指导他，帮他完善讲稿结构和PPT制作思路等。有一次，老师和他讨论即将开赛的准备材料一直到中午都没

◎ 刘展志荣获辽宁青年五四奖章

有休息，甚至晚上下班后仍在指导他修改和调整。总怕给别人添麻烦的刘展志心中充满愧疚，禁不住对老师说："对不起，老师，我太笨了，耽误您休息了。"老师却笑着鼓励道："没事，谁都是这样过来的，我年轻时也一

样。"最终，在老师的悉心指导下，刘展志在那次比赛中取得了优异成绩。

在导师的带领下，刘展志大一年级就跟着研究生在实验室做实验，学习专业知识。导师非常关心他的学业，在研究方向上给予了全力支持和指导。在实验室学习的过程中，导师常常耐心指导和启发他解决实验中遇到的各种问题，并且鼓励他积极思考和尝试，让他的创新意识和科研能力得到了长足进步。辛勤的浇灌总会开花结果。经过不懈努力，刘展志在学校专业综合排名中始终保持在专业前两名、班级第一名。大一期间考取了国家计算机二级证书，先后获得全国时代楷模曲建武励志基金、国家励志奖学金、国家奖学金、校长奖学金暨大学生年度人物、校一等奖学金和全国大学生交通银行励志基金等。也获得中国大学生自强之星、iCAN 创新之星、辽宁青年五四奖章、辽宁省大学生年度人物、沈阳市优秀大学生、学校三好学生，优秀社会实践、创新创业等各类标兵及先进个人称号。在科研竞赛方面，他累计获得国家级、省市级科技竞赛奖项和个人荣誉达 50 余项。依托这些创新成果，他创办了中科新创（抚顺市）动力环保科技有限公司，在 2023 年"互联网＋"大学生创新创业大赛本科初创组中排名全省第三名。2023 年，刘展志获评辽宁"最美青年"，是全省 10 名获得者中唯一一名高校学生。

无私奉献，倾情回馈

在学校的几年生活，刘展志得到了领导、老师、同学们太多太多的关爱与帮助，让他成长，让他进步，也令他无比感动，从而让他萌生了通过自己的努力回报学校、回报社会的想法，他要把爱的火种传递下去……

2020 年，在家乡疫情暴发期间，刘展志在沈阳工程学院团委的号召下，积极参与"暖冬行动"，协助客运站职工进行验码、测温、安检等防疫安全工作，引导群众有序排队，助力医护人员顺利完成核酸采集工作；利用

◎ 刘展志（右三）参与志愿服务活动

周末的空闲时间，主动请缨协助他所居住的社区进行外来人员排查，帮助小区居民注册"福顺安"小程序，为居民解答外地返乡政策要求等；到高速口卡点志愿执勤，日检查车辆近300辆，为家乡"外防输入"关口奉献了微薄之力。由于工作细致、认真，刘展志得到了各级领导及工作人员的赞许与肯定，他的事迹多次被抚顺市共青团、清原共青团报道。

在校团委的带领下，刘展志每年都积极投身共青团发起的"社会实践"活动。为助力乡村振兴战略实施，他赴沈阳市辽中区进行实地调研，到当地市场监督管理局、养殖园、早市等了解食品监管能力现状以及互联网时代农村食品经营的发展模式变更。同时在当地政府的支持下，刘展志带领团队在直播间中面对镜头热情地向大家宣传农产品，深入分析辽中区特色农产品的竞争力与其得天独厚的优势以及食品安全生产的相关政策。在直播间里，他详细介绍产品，卖力地吆喝，就是想通过自己的点滴努力为当地做点儿实事儿，圆自己回报社会的小小愿望。在两个小时的直播中，共收获点赞2万余次。"直播助农"让更多的人对辽中区农产品有了新的认识，并为辽中区提供了一条巩固脱贫成果、防止返贫的新思路。

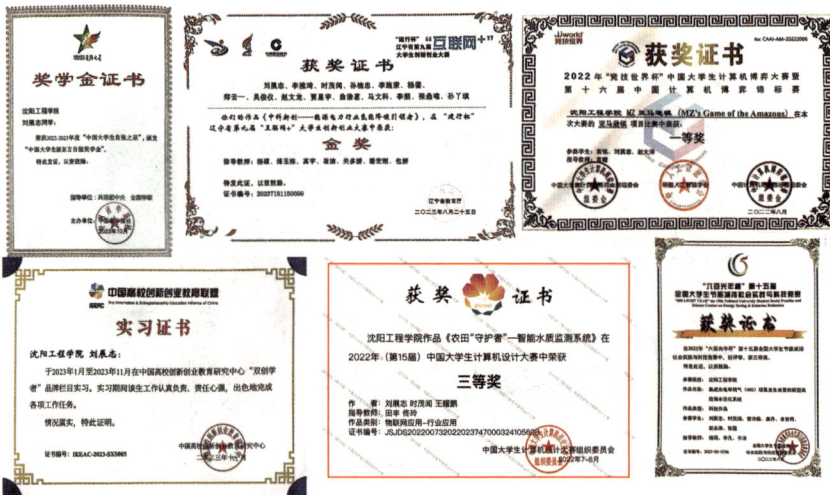

◎ 刘展志获得的部分荣誉证书

　　从被别人帮助到帮助别人，从被关爱到无私回报学校与社会，刘展志用实际行动传递了这份爱，用无私奉献诠释了这份爱。他总说："是沈阳工程学院培养了我，是那里的老师和同学们帮助了我，让我成长进步，让我有了今天，我要将这份爱的火种传递给每一个人，让他们也感受到爱的力量！"

守正创新强自信
踔厉奋发向未来

——记沈阳工程学院七秩校史中的七个"第一"

1. 学校前身之一的哈尔滨青年干部学校，是中国共产党在东北创立的第一所以培养建设新民主主义新东北青年为宗旨的专门学校。

2. 学校前身之一的东北电业管理局技工学校，是中华人民共和国成立后东北人民政府批准建立的东北地区第一所电力技工学校。

3. 学校师生参与建设的"506"工程即松东李220千伏输变电工程，是我国自行设计和施工的第一项220千伏输变电工程。

4. 学校学生参建的清河发电厂（"211"工程为清河发电厂洞内电厂建设工程），是我国自行设计、安装的第一座超百万千瓦容量的火力发电厂。

5. 沈阳电力专科学校与清华大学联合开发的200兆瓦火电机组仿真机，是我国第一台全工况、全范围高逼真度仿真机。

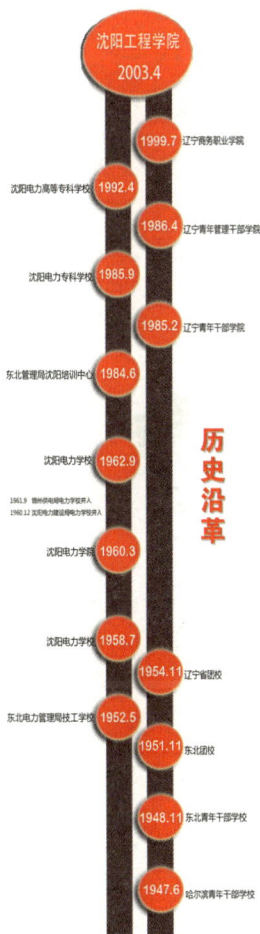

历史沿革

- 沈阳工程学院 2003.4
- 辽宁商务职业学院 1999.7
- 沈阳电力高等专科学校 1992.4
- 辽宁青年管理干部学院 1986.4
- 沈阳电力专科学校 1985.9
- 辽宁青年干部学院 1985.2
- 东北管理局沈阳培训中心 1984.6
- 沈阳电力学校 1962.9
- 1961.9 锦州供电局电力学校并入
  1960.12 沈阳电力建设电电力学校并入
- 沈阳电力学院 1960.3
- 沈阳电力学校 1958.7
- 辽宁省团校 1954.11
- 东北电力管理局技工学校 1952.5
- 东北团校 1951.11
- 东北青年干部学校 1948.1
- 哈尔滨青年干部学校 1947.6

6. 沈阳电力高等专科学校与清华大学联合开发的 600 兆瓦火电机组仿真机，是我国第一台 600 兆瓦亚临界全工况、全范围火电机组仿真机。

7. 校友宋廷章是推动学雷锋走向全国的共青团第一人。

后记

———

党的二十大报告指出："用好红色资源，深入开展社会主义核心价值观宣传教育，深化爱国主义、集体主义、社会主义教育，着力培养担当民族复兴大任的时代新人。"立德树人是教育的根本任务，高校承载着为实现中华民族伟大复兴提供坚强有力人才支撑的历史重任。构建科学合理的课程思政教学体系，拓展课程思政建设方法和途径，打造特色课程思政品牌，有助于形成育人合力，全面提高人才培养质量，引导青年学生在人生的"拔节孕穗期"扣好人生的第一粒扣子。

校友是母校最宝贵的财富，是母校办学质量和人才培养成果的重要体现，是母校最亮丽的名片。峥嵘七秩，沈阳工程学院建校以来，先后培养出 10 万余名优秀学生，校友遍布国家能源、电力等领域。他们当中有的扎根基层，投身一线，沉心立志大有作为；有的勇于追梦，自主创业，在一次次挑战中洗礼自己；有的敢于创新，永不止步，争当行业翘楚；有的潜心科研，追求卓越，勇攀科学高峰；有的执着坚毅，初心不改，面对困难不言放弃；有的心怀感恩，回馈社会，勇担社会责任。他们的故事见证了母校的变迁与辉煌，更见证了国家的繁荣与富强。他们的故事让人感动，他们的精神值得学习。

当前，沈阳工程学院已进入高质量发展的新时代、内涵建设的新时期、学科建设的新阶段，全校师生正以昂扬的姿态抢抓机遇，开启新的征程。学校组织编写《根脉——"红心向党 技术报国"课程思政教育实践》，是对学校多年思想政治教育工作实践的再梳理再提升，是学校"时代新人铸魂工程"的重要成果。

《根脉——"红心向党 技术报国"课程思政教育实践》历时一年，共成稿40篇。本书紧扣立德树人主线，以"红心向党 奋斗青春"的红色基因和"技术报国 扎根电力"的优良传统为主题，全面梳理了70余年办学历程中优秀校友为行业发展和国家建设所做的贡献。通过讲述4个典型群像、35位优秀校友和"七个第一"为代表的故事，回味沈工程人曾经的甘甜岁月，展现沈工程学子在实现中华民族伟大复兴进程中拼搏奋斗的人生风采，探寻"红心向党 技术报国"的大学精神内涵。

采访过程中，我们深切感受到校友们对母校的眷恋和挚爱，对老师、同学们的思念。我们同样深切体会到，校友们身上无不镌刻着深深的沈工程印记。校友们像一粒粒种子，走到哪里就在哪里生根发芽；也像一面面旗帜，走到哪里就把沈工程精神传播到哪里。他们生动的奋斗经历，充分展现了沈工程人的精神图景，对准确把握新形势下高校思想政治教育工作的规律和方向，全面推进课程思政建设，更好开展大学生思想政治教育工作，增强大学生的志气骨气底气具有参考价值。希冀这些故事能浸润你我心田，温暖你我心房，激励新时代的沈工程人，见贤思齐，乘风破浪。

"路虽远行则将至，事虽难做则必成。"本书的编撰得到了学校主要领导的指导和大力支持，由校党委副书记方鸿志教授主持编写、审改和定稿工作。课题组成员葛忠强、程长辉、王焕群、董海浪、朱宇、刘庆宇、王洪洋、姜芦洋、果金凤等同志经过一年的研讨、采写、打磨，最终付梓，由辽宁人民出版社出版发行。书籍编写过程中得到了王炳华、王炳林、曲建武、石坚、房广顺、艾四林、李强、王赓申、夏欣、韩东峰等专家和校友的指导、赞助，一些单位和个人提供了相关资料素材。成书之际，我们怀着感恩的心，向为本书编辑出版发行给予大力支持的专家和校友致以崇高的敬意和衷心的感谢！

"问渠那得清如许，为有源头活水来。"期待通过我们的努力，有更多具有思想性、科学性和实践性的优秀作品面世，为讲好新时代"大思政课"，更好推动"三全育人"，培养担当民族复兴大任的时代新人提供借鉴。

编者

2024 年 8 月